AF199874

Friedrich Reiff

Die Oxforder Bewegung und ihre Bedeutung für unsere Zeit

Referat im Auszug vorgetragen auf einer Conferenz in Stuttgart den 25.

August 1875

Friedrich Reiff

Die Oxforder Bewegung und ihre Bedeutung für unsere Zeit
*Referat im Auszug vorgetragen auf einer Conferenz in Stuttgart den 25. August
1875*

ISBN/EAN: 9783744614122

Hergestellt in Europa, USA, Kanada, Australien, Japan

Cover: Foto ©ninafisch / pixelio.de

Weitere Bücher finden Sie auf **www.hansebooks.com**

Die
Oxforder Bewegung

und

ihre Bedeutung für unsere Zeit.

Referat,

im Auszug vorgetragen

auf einer Conferenz in Stuttgart den 25. August 1875

von

Fr. Reiff und Joh. Hesse.

Auf den Wunsch der Conferenz gedruckt.

Basel,
Bahnmaier's Verlag (C. Detloff).
1875.

Druck von Ferd. Riehm in Basel.

Wenn eine religiöse Bewegung Dimensionen annimmt, wie die von Pearsall Smith ausgegangene, so muß man sich mit ihr auseinandersetzen, wäre sie auch nur eine Erscheinung der Zeit, die uns weiter nicht viel angeht. Wenn sie aber, so wie diese, unter Zustimmung oder Protest, von den einen überschätzt, von den andern unterschätzt, von wenigen mit eigent= lichem, selbständigem Verständniß durchdrungen, unter uns um= geht, so ist es noch weniger möglich, sie einfach todt zu schwei= gen; die Sache muß innerlich ausgetragen werden. Und wenn sie gar, wie wir uns vielleicht jetzt überzeugen werden, eine freundliche Gnadenanbietung Gottes für unsere Zeit ist, aus der wir viel Segen schöpfen können, so müssen wir vollends Stellung zu ihr nehmen. Die Baseler Festwoche hat im Kreise der Pastoralconferenz, die Barmer hat in der allgemeinen kirch= lichen Conferenz, bedeutende Versammlungen außerdem haben darüber verhandelt; das Programm unserer Festwoche durfte diesen Gegenstand mit Recht auch aufnehmen. Die Liebe, hoffe ich, soll darunter nicht leiden, des Parteiwesens unter uns nicht mehr werden. Wer einen Segen in dieser Bewegung nicht erkannt hat, im Gegentheil in ihr nur Bedenken sieht, hat Ge= wissens halber die Pflicht und das Recht, dies auszusprechen. Wem es umgekehrt ergangen ist, der darf wiederum das Recht in Anspruch nehmen, des empfangenen Segens froh zu werden und ihn für sich und andere früchtbar zu machen. Es ist wahr, der Weg zum Leben ist schmal, die Mundart der Schrift ge= nau und zart, die Verantwortlichkeit, Lehrer zu sein, darum groß. Aber es ist auch wahr: Wir fehlen alle mannigfaltig, und in dem weiten Reiche der christlichen Wahrheit, in dem großen Herzen Jesu ist Raum genug, um sich in noch viel weitergehenden Differenzpunkten zu vertragen, als diejenigen sind, um welche es sich hier handelt. Es gehört allerdings Muth dazu, unter uns für diese Sache zu reden, wie Muth dazu gehört, wider sie zu reden. Sind wir aber wirklich vor dem Herrn, so werden wir, wo es sein muß, den einen und den andern finden. Und, ich bin es gewiß, noch mehr, auch die innere Ruhe, um Klarheit in der Sache zu gewinnen.

Ich werde zunächst versuchen, darzulegen,

1. Was die Oxforder Bewegung will.

P. Smith will nichts Neues vortragen; er will überhaupt keine Lehre bringen, sondern ein Leben, das genossen werden soll, eine neue, seelenbegeisternde Verwirklichung alter Lektionen, die wir im Kopf gelernt und jetzt mit Bewußtsein erfahren haben [1]). Wir müssen dies indessen recht verstehen. Etwas von unserem evangelischen Glauben Abweichendes und in ihm nicht schon Gegebenes ist das von Smith Vorgetragene allerdings nicht. Allein man wird wohl einfach sagen müssen, wenn Smith nicht irgend etwas Neues gebracht hätte, so wäre er weder über den Ocean gekommen, noch hätte man ihn so aufgenommen, wie er aufgenommen worden ist. Und auch eine Lehre hat er irgendwie aufgestellt, wenn anders er einigermaßen wußte, was er wollte. Ja es ist sogar eine sehr bestimmt formulirte Lehre, so gewiß er in unser christliches Leben nicht nur einen unbestimmten Zug bringen, sondern es in einer bestimmten Richtung fördern und dieser Förderung einen klar ausgeprägten Charakter geben will [2]). Es ist freilich eine praktische Bestimmtheit. Deßwegen eröffnen wir diesen Abschnitt allerdings besser mit der Ueberschrift: Was die Oxforder Bewegung will, als was sie lehrt.

[1]) Die Segenstage in Oxford 10.
[2]) Barmer Vortr. 221.

Smith stellt seinen positiven Zusprüchen eine **Kritik** des christlichen Lebens voran, wie es in den gläubigen Kreisen ge= wöhnlich beschaffen ist. Wir werden ihr beides, die Wahrheit und auch die Liebe, nicht aberkennen dürfen. Er hat tief in den gewöhnlichen Stand unseres Christenthums geblickt und greift uns im Innersten an, mehr als wir es sonst gewohnt sind. Unser Leben, sagt er, ist, ehe wir eine neue, tiefere Gnaden= heimsuchung erfahren haben, ein steter Wechsel von Fallen und Aufstehen, von Sichgrämen über begangene Sünden und von verzagtem Erwarten, daß man in jedem gegebenen Falle von denselben Sünden wieder neu überwunden werde, ein Dahin= gehen unter dem Banne unübergebener Feinde Gottes und mit Bewußtsein gepflegter Sünden, ein Wallen im Schmutze dieser Welt, während der Mund vielleicht vom Sitzen in dem Him= mel redet. Das sei ebenso entehrend für Christum, unseren Heiland, als es für uns unselig sei. So lange nicht ein Neues geschehe, mache man sich mit allem Ermahnen zu einem heiligen Wandel nur dessen schuldig, eine kranke Seele zu einem Werke anzutreiben, das über ihre Kraft gehe. Auf was Neues man denn aber warten wolle, wenn es ja doch schließlich zur Heiligung kommen müsse. „Auf irgend eine große Bewegung, fragt in Smith's Sinn Th. Monod[1], oder bis ihr fähiger seid, zu Christo zu kommen? Ihr braucht keine neue Bewe= gung, ihr werdet nie fähiger werden." „Laßt uns die Heiligung nicht zur letzten Oelung machen, als wenn die Krankheit, das Leiden und das Sterben das vollbringen müßte, was wir dem Herrn Jesus Christus nicht zutrauen", sagt Smith selbst[2]. Leistet Jesus nicht mehr, als uns nur zu einem so gearteten Leben zu führen, so ist er kein Erlöser von der Sünde. Kriti= siren ist nun freilich wohlfeil und nachdem man von den ver= schiedensten Seiten dieses Geschäft unter uns seit Jahrzehnten

---

[1] Die Segenstage in O. 71.
[2] Ebend 39.

streng genug geübt hat, auch nichts Ungewohntes, es sei denn, daß es mit so viel Wahrheit und Liebe geschieht.

Es fragt sich: Weiß die **positive Verkündigung** von Smith einen Weg zu nennen, der zu einem befriedigenderen Christenstand führt? S. beansprucht dies. Es ist einfach der Glaubensweg, eine wirkliche Erfahrung der Reinigung der Herzen durch den Glauben (Ap. G. 15, 9) [1], was er uns nahe legt. Vollständiger ausgedrückt, verspricht er einen völligen Sieg über die Sünde durch das in Erfahrung getretene neue Leben der Auferstehung [2]. Zwei Stücke enthält dieser Glaube, der so große Dinge wirkt. Oder, in der Bildersprache von Smith ausgedrückt, zwei Flügel sind es, vermittelst derer dieser Aufschwung sich vollzieht und von denen für den Glauben so wenig einer fehlen darf als für den Flug ein natürlicher Flügel. Es ist einmal die Verleugnung seiner selbst und alles bessern, was dem Herrn nicht gefällt, sodann die völlige Uebergabe an den Herrn. Das eine wie das andere ist ihm Sache des Willens. „Sie sind zum Tempel des h. Geistes bestimmt, und sobald Sie sagen: ich will dem Herrn gehören, können Sie es" — [3] redete er jemanden zu, der sich bekehren sollte. Es ist ein ungemeiner Ernst, mit welchem er auf die A b s a g u n g a l l e r D i n g e bringt. Er verlangt nicht weniger, als daß man ganz über den Jordan gehe und nicht eine Klaue zurück= bleibe, daß man die Sünde ernstlich hasse — und wer eine hasse, hasse alle, gleichwie wer eine Kröte hasse, alle hasse. Gerne gebraucht er die Erzählung vom Banne Achans; seine Sünde kennen und sie nicht abthun, wäre gleichviel, als wenn die Kinder Israel mit der Entdeckung jenes Bannes sich be= gnügt hätten und ihn hätten straflos ausgehen lassen. Ein kleiner Riegel könne eine ganze Thüre verschließen; der kleinste Vorbehalt des Gehorsams, die geringste geduldete Sünde habe

---

[1] Heiligung durch den Glauben 18.
[2] Ebend. 14.
[3] Barmer Vorträge 64.

gleich einem winzigen Sandkorn die Eigenschaft, die Gemein=
schaft mit dem Vater und seinem Sohne zu stören. „Es ist
nicht nöthig, daß du lebest, ruft er einmal einem mit der
völligen Absage Zögernden zu, aber es ist nöthig, daß du ge=
horcheft." Und er beleuchtet es in charakteristischer Weise mit
folgendem anekdotischen Zug. Ich hörte einmal von einem
Manne, welcher dachte, er könne nicht athmen, wenn er nicht
eine Anstrengung mache, um es zu thun, und er erstickte bei=
nahe bei seinen Bemühungen. Seine Familie rief in großer
Unruhe einen Arzt, welcher mit einem Mal den Stand der
Sache sah und ihm zurief aufzuhören. „Ich werde sterben,
wenn ich das thue," keuchte der arme Mann hervor. „„So
stirb, sagte der Doktor, aber höre auf.""" Der Mann ge=
horchte, und in dem Augenblick, wo er seine Versuche aufgab,
athmete er leicht und ohne Anstrengung [1]). Die schwerste
Sünde, die abgelegt werden muß, ist eben der Unglaube gegen
den Herrn und seine Verheißungen. „Entmuthigung ist schlimmer
als Uebertretung," sagte S. in Basel. Und in Barmen:
„Der Unglaube ist nicht nur eine natürliche Schwachheit, mit
der man Geduld haben müßte, sondern eine schreckliche Sünde" [2]).
Das andere Stück des Glaubens ist die völlige Uebergabe
an den Herrn, das was mit einem Opfer geschehen muß,
wenn es Gott dargebracht wird (consecration). Eine Ueber=
gabe mit einem geheimen Rückbehalt ist ein fluchwürdiges Ana=
niaswerk, eine Uebergabe, die wir nachher zurückziehen, nichts
Geringeres als die Zurücknahme eines Opfers. „Welch' ein
Schreckensschrei — ruft Smith in einem Oxforder Vortrag aus
— wäre durch Israels Lager gegangen, wenn Einer frevelhafter
Weise es gewagt hätte, von dem Altar etwas, was einmal auf den=
selben gelegt worden war, wegzurauben. Man hätte einen solchen
augenblicklich gesteinigt, mit Feuer verbrannt und seine Ueberreste

---

[1]) Die Segenstage in Oxford 67.
[2]) Barmer Vortr. 230.

mit Steinen zugedeckt. — Wenn jene Entweihung des irdischen Heiligthums eine solche Sünde war, was wird das für eine Sünde sein, wenn man Christo etwas von den geistlichen Dankopfern raubt"[1]. Indessen sucht Smith diese Uebergabe auch wieber leicht zu machen. „Es ist seltsam, bemerkt er, daß manche sich nicht fürchten, in die Ewigkeit zu gehen, wo alles Irdische abgestreift wird, auf das sie sich stützten und an dem sie hingen, und daß sie dagegen so schwer dazu kommen, in den vorübergehenden Augenblicken des zeitlichen Lebens vertrauensvoll von ihrem Herrn Sieg zu erwarten. — Es würde mir das Herz brechen, wenn meine Kinder meinen Verheißungen so mißtrauen würden, wie viele Kinder Gottes es bei den Verheißungen ihres himmlischen Vaters thun"[2]. — „Lasset uns die Selbsthingabe an den Herrn immer von der Seite ansehen, nach welcher sie ein Vorrecht ist, damit sie die freudigste That unseres Lebens werde. Ist es für eine Braut eine That peinlicher Selbstverleugnung, wenn sie die Liebe und Unterstützung eines edlen Bräutigams annehmen soll?"[3] Dies eben aber ist die Uebergabe an den Herrn, um die es sich handelt. Solcher Glaube nimmt sich nun vollkommen aller Rechte an, die er in Christo hat. Was würdest du sagen, fragt Smith in seinen Barmer Vorträgen[4], wenn jemand ein großes, schönes Haus mit prächtigen Räumen ererbte und er begnügte sich mit dem Portierstübchen? Und doch ist dies die Stellung eines großen Theils der Christen. Viele haben nur die Rechtfertigung durch den Glauben; aber sie wollen nicht die reiche Erbschaft antreten, die ihnen dadurch zugefallen ist. So wird diesem Glauben der bestimmte Gegenstand angewiesen, daß Christus uns zur Heiligung gemacht ist. Und auch in jedem einzelnen Fall wird für einen bestimmten Segen eine bestimmte That des Glaubens verlangt[5]. Gemäß der Macht zur Ueberwindung

---

[1] Die Segenstage in O. 95.
[2] Ebend. 34.
[3] A. a. O. 42.
[4] S. 63.
[5] A. a. O. 109.

der Sünde, welche zur Heiligung erforderlich ist, ist es darum die
Allmacht unseres erhöheten Heilandes, welche besonders betont
wird [1]), überhaupt seine Allgenugsamkeit. Christus ist einem jeden
das, was er von ihm erwartet, sagt Th. Monod: wenn man
nichts von ihm erwartet, so ist er uns nichts; wenn wenig,
so ist er wenig; wenn viel, so ist er viel; wenn alles, so ist
er alles. [2]) Und gegenüber diesem Jesus, der alles ist, wird
ächt evangelisch die Selbstlosigkeit des Glaubens betont. Der
Glaube, fährt Monod in jener Stelle fort, kann abgetrennt
von seinem Gegenstand gar nicht existiren, viel weniger kann
er gefühlt oder betrachtet werden. In diesem Augenblick seht
ihr auf mich und habt dafür, daß ihr es thut, keinen andern
Beweis, als daß ihr mich sehet; aber ihr seht nicht euern
Blick, noch existirt euer Blick auf mich abgetrennt von mir.
Ebenso laßt uns auf Jesum blicken, und wir werden uns nicht
unseres Glaubens, sondern seiner Gegenwart, seiner Macht,
seiner Liebe bewußt werden. Der Glaube ist ein Hinnehmen
ohne Fühlen, einfach weil es Gott sagt, ein Willensakt, wie
die Darangabe der Welt. [3]) — Solchem Glauben nun wird
die Heiligung zu Theil. Dies ist der eigenthümliche Grund=
gedanke von Smith. Seine Hauptschrift ist daher betitelt:
Die Heiligung durch den Glauben. Wie die Rechtfertigung,
geschieht auch die Heiligung ohne unser Zuthun; wir sind in
Sachen des täglichen Lebens ebenso hilflos, wie in Sachen der
Vergebung unserer Sünden. [4]) Wir können uns nicht selbst
heiligen. Eher möchte die kleine Spinne ihr Gewebe nach
den Sternen machen, ehe wir das thun können. Die Hilfe
muß herabkommen. [5]) Auch darin steht jene Uebergabe an
den Herrn behufs der Heiligung in Parallele mit dem recht=
fertigenden Glauben, daß sie wie die Rechtfertigung eine ein=
malige, für das ganze Leben grundlegende ist und in derselben

---

[1]) A. a. O. 37. 38.
[2]) A. a. O. 72.
[3]) Barmer Vorträge 45.
[4]) Die Segenstage in Orford 63.
[5]) Barmer Vorträge 233.

Weise nie mehr wiederkehrt. Ganz unmißverständlich ver=
· gleicht Smith dieselbe mit dem Trauungsakt, den man auch
nicht alle Jahre wiederhole, auf den man vielmehr als auf
eine einmal bestehende Thatsache sein ganzes Leben hindurch
zurückblicke. Uebrigens ist die Heiligkeit, die man so em=
pfängt, nicht wie eine Waare, wie ein Eigenthum, das man
im Besitz hat, sondern eine Stellung der Seele Gott gegen=
über, ein Muth, ein Glaubensmuth, ein Gläubiger oder ein
glaubender Gläubiger zu werden.[1] Es ist einfach Seelen=
gesundheit.[2] Es kommt Harmonie in das Dasein. Die
ganze Natur, Geist, Seele und Leib sind in Christo wieder=
hergestellt, was die wunderbare Erfüllung des Wortes sein
muß: Christus in euch — werdet voll Geistes — ich lebe,
doch nun nicht ich, sondern Christus lebet in mir. Das Ich
hat aufgehört, das Centrum seiner eigenen kleinen Welt zu
sein, und einer, der es würdig ist, ist ausschließlich der Mittel=
punkt des Lebens und Hoffens des ganzen Daseins geworden.[3]
Es tritt der Sabbath der Seelen, ein seliges Ruhen in Gott
ein, da man ihn alles thun läßt. Es gibt Seelen, bei welchen
dieser Sabbath immer fortwährt und nur auf kurze Zeit unter=
brochen wird. Smith selbst legte von sich das Bekenntniß ab,
bei ihm sei der Zustand dieser ruhigen Fassung der Seele seit
acht Jahren nie mehr als zwei Minuten unterbrochen worden.
Wohl gibt es Niederlagen und es tritt der traurige Fall ein,
daß das alte Böse in unsern Herzen wieder auflebt und eine
Uebertretung daraus entsteht. Aber in dem Augenblick, in
dem wir uns der Sünde bewußt werden, muß das freie und
volle Bekenntniß derselben erfolgen. Zugleich mit dem Be=
wußtsein der Uebertretung und dem Bekenntniß derselben soll
die Seele es erfassen, daß Gott ihr vergeben hat; denn er ist
seinen Verheißungen treu, ja noch mehr, er ist gerecht und

---

[1] Barmer Vorträge 248. [3] Der Wandel im Licht 37.
[2] A. a. O. 58.

kann die Strafe, die Christus an seinem eigenen Leib auf dem
Holz für uns getragen hat, nicht ein zweites Mal von uns .
tragen lassen. So ist der Christ wie ein Fahrzeug, das un=
verwandt dem Hafen zusteuert. Wenn auch eine plötzliche
Gegenströmung es auf die Seite wirft, so ist es doch gleich
wieder aufgerichtet und behält seinen unveränderten Lauf.[1])
Ebenso gilt es, sobald eine Sünde uns anläuft und uns auf=
gedeckt wird, sie sofort abzulegen; ist sie auch stärker als wir,
so ist doch Jesus stärker als .sie. Das Geheimniß unserer
Kraft ist, daß wir unserem Feinde als einem schon überwun=
denen, nicht als einem erst noch zu überwindenden begegnen,[2])
daß wir uns halten dürfen als der Sünde gestorben und
lebend Gott in Christo (Röm. 6, 12.). Ueberhaupt wird es
als Mittel zur Uebung des neuen Lebens empfohlen, nicht
lange die Sünde anzusehen oder gar ihre Wiederkehr als selbst=
verständlich zu betrachten — denn durch diese Befassung mit
der Sünde haben wir schon den ersten Schritt gethan, sie zu
begehen — vielmehr ausschließlich mit unserem Gott uns zu
beschäftigen. Weiter, unbedingten Gehorsam zu leisten, mit der
Sünde nicht zu spielen, vielmehr ungesäumt jeder Regung
des h. Geistes zu folgen; denn wie leicht wird der h. Geist be=
trübt durch ein rasches Wort, durch Eingehen auf den Geist
der Welt, durch einen Augenblick, in dem wir der Einbildungs=
kraft oder den Lüsten die Zügel schießen lassen. Nicht minder
hilft zum Wachsthum Gebet mit Danksagung und Flehen und
das Bekenntniß.[3]) In dieser fortwährenden Gemeinschaft mit
Jesu findet dann ein stetes Wachsthum des Lebens, der Ver=
traulichkeit mit ihm, der Freude und der Gnade Statt. Die
Gnade, die ich gestern empfing, ist im Vergleich. mit heute
doch nur wie die Dämmerung vor der Morgenröthe. Auf
jeder Stufe unseres Wachsthums aber sind wir mit Abraham.

---

[1]) Der Wandel im Licht 90. 91. 95.   [3]) A. a. O. 60 ff.
[2]) A. a. O. 84.

auf's Neue dazu berufen, unsere Hoffnung auf Gott zu setzen,
der die Todten lebendig macht und ruft dem, das nicht ist,
daß es sei. Meinen wir indessen nicht, daß Smith nicht auch
die Liebe treibe. Man wird, sagt er [1]), in seinem Leben oft
darauf geführt, daß es nicht vorwärts will, daß das alte
Böse wieder an den Tag tritt, daß es selbst dem Gebet an
Kraft fehlt und daß die Gnade des Bleibens in Christo den
Christen noch nicht gegeben ist. Es fehlt ihnen an dem
Bande der Vollkommenheit (vgl. Kol. 3, 14 vgl. mit 15),
das die Gaben des Geistes zusammenbindet und eine jede an
ihrem Platz in harmonischem Verhältniß erhält. Dies ist die
Liebe. Sie gibt allem Uebrigen Kraft und Harmonie. Wenn
wir uns in der Liebe behalten, dann werden alle andern
Gnaden leben und gedeihen. Es geschah bei Smith auch
durch eine besondere Gnadenheimsuchung, daß ihm das Wort
aufgeschlossen wurde: „Wer in der Liebe bleibet, der bleibet in
Gott und Gott in ihm." Da sei seine schwankende Seele so
erfüllt worden, daß es ihm gegeben worden sei, soweit er sich
bewußt gewesen sei, Gott von ganzem Herzen, von ganzer
Seele, von ganzem Gemüth und von allen Kräften zu lieben. [2])
Die Liebe selbst beschreibt Smith sehr schön mit den Worten
eines alten Lehrers der Kirche: „Sie ist die Süßigkeit des
Lebens, sie ist das süße, zärtliche, schmelzende Wesen Gottes,
das durch seinen Lebenssamen in die Kreatur hineinströmt
und mehr als alles andere die Kreatur ihm ähnlich macht." [3])
Noch höhergehend aber ist die Wirkung des Leidens mit
Christo: nichts bringt uns dem Herrn Jesu so nahe als die
Gemeinschaft mit seinen Leiden; es ist ein Vorrecht, welches
wenige verstehen und noch wenigere anzunehmen Willens sind.
Es braucht viel, um Seelen einander zu entfremden, die mit
einander gelitten haben, so leicht es auch sein mag, diejenigen

---

[1]) A. a. O. 105.   [3]) Der Wandel im Licht 103. 109.
[2]) Die Heiligung durch den Glauben 51.

zu trennen, die nur mit einander genossen und gearbeitet haben[1] Die Krone in diesem Gange im Heil bildet nach Smiths Schilderung in seiner Schrift „Der Wandel im Licht" (vielleicht unter Erinnerung an Eph. 3, 19 vgl. mit 17. 18), die Erfüllung mit dem heiligen Geist, welche er als eine Geistestaufe bezeichnet und die unter ganz einzig gearteten Umständen erfolgte. So wenig wir es billigen könnten, wenn man diese als eine Norm für alle betrachten wollte, so können wir doch das Große, was Smith hier erlebte und dessen Realität sich schon in seiner von einem eigenthümlichen Etwas durchhauchten Schilderung zu erkennen gibt, nur mit stillem Staunen lesen. „Mein ganzes Wesen, sagt er, war unaussprechlich erfüllt von dem Gott, an den ich schon lange glaubte. — Kein Geschöpf war jetzt meiner Seele so reell, als der Schöpfer selbst. Es war feierlich, aber ohne Schrecken. Ich verlor keinen Theil meiner Sinne; aber sie alle waren von der göttlichen Offenbarung umhüllt."[1] Es ist natürlich, daß nichts mehr als ein solches Ereigniß unsere Kritik herausfordert. Allein was wollen wir einwenden, wenn Smith jenen Abschnitt von der Geistestaufe mit den folgenden Worten schließt? „Wenn ein Blindgeborner, der aufgewachsen ist, ohne je das Licht gesehen zu haben, geheilt würde und man ihm verspräche, ihn die Sonne sehen zu lassen, so können wir uns denken, daß er beim Anblick eines brennenden Lichtes fragen würde: Ist sie das? und wieder, wenn er den Mond sähe: Ist sie das? Sähe er aber die Sonne, so würde er nicht länger fragen, sondern ausrufen: Das ist sie. So kann ich es verstehen, daß diejenigen, welche noch ohne die Geistestaufe sind, sich fragen, ob sie wohl diese Gnade empfangen haben; wer sie aber einmal in ihrer ganzen Fülle erfährt, der wird, wie der geheilte Blinde von der Sonne, sagen: Das ist sie."[2]

---

[1] Der Wandel im Licht 123. 114.
[2] A. a. O. 129 ff.

Und müssen wir nicht gestehen, daß auch Smiths ganzes
Reden und Arbeiten von einem reichen Maß des Geistes, das
er empfangen haben muß, Zeugniß gibt?

Wir haben nun aber auch weiter in die **Methode**
von Smith einzutreten. Smith predigt nicht bloß. Er sucht
auch mit allen ihm zu Gebot stehenden Mitteln diejenigen,
die ihn hören, in seine Erlebnisse hineinzuziehen. Das was
nicht am mindesten in seinen Vorträgen anspricht, ist die
Darlegung seiner Erfahrungen. Man hat ihm gegenüber das Gefühl: hier ist ein Mann, der das, was er in
Betreff eines nicht immer wieder durch die alten‘ Sünden
getrübten Umgangs mit dem Herrn sagt, selbst erlebt hat und
fortwährend erlebt. Und wenn man freilich zunächst nur darauf angewiesen ist, in dieser Beziehung den eigenen Versiche-
rungen des Mannes zu glauben, so ist doch schon seine ganze,
die Einfalt und Demut, die Freudigkeit, Freiheit und Liebe eines
wahren Christen athmende Persönlichkeit, wie auch seine in den
Geist Gottes getauchte evangelische Weise zu reden, eine un-
gesuchte Bestätigung dafür. Smith, der lange Zeit in seinen
öffentlichen Vorträgen von sich ganz geschwiegen, redet, einmal
durch Erfahrungen eines andern belehrt, nunmehr geflissentlich
in dieser Weise. „Wenn der Prediger, sagt er, wie Paulus,
zu dem Punkt kommt, daß er Gottes Thun an seiner eigenen
Seele verkündigt, dann sind alle Augen und Herzen auf ihn
gerichtet und das persönliche Interesse wird mehr geweckt als
bei der ganzen vorhergehenden Rede." [1] Aber Smith beschränkt
sich nicht auf diesen stillen und doch mächtigen Einfluß eines
in unserem Fleisch und Blut uns vorgelebten evangelischen
Christenthums. Er nimmt auch seine Leute in die
Hand und arbeitet vermittelst der von ihm veranstalteten
Conferenzwochen mit Bewußtsein und nach einer bestimmten
Methode daran, die Heiligung in seinem Sinn an ihnen voll-

---

[1] Der Wandel im Licht 76.

ziehen zu helfen. „Die Versammlungen dieser Art, sagt er
in dieser Beziehung sehr instruktiv in der Barmer Pastoral=
konferenz [1]), haben nicht ein unbestimmtes Ziel und eine un=
bestimmte Absicht, sondern es sind Versammlungen, die ein
ganz bestimmtes Ziel in's Auge fassen, die einen bestimmten
Anfang, Mittelpunkt und Ende haben. Diese zehn Tage,
zusammengefaßt, sind gerade wie eine Predigt, die Sie halten,
bei der Sie im ersten Theil die Grundlagen feststellen und
dann im zweiten Theil aufbauen und im dritten Theil den
Schluß daraus ziehen." Das Erste ist, daß nach Pf. 139
das ganze Leben in das Licht des alles durchforschenden Gottes
gestellt wird, die Sünden, denen wir fröhnen, der geheime
Rückhalt im Herzen, den man nicht dem Herrn darbringen
will, die Sünde des Unglaubens, daß man den vielen Ver=
heißungen Gottes keinen Glauben beimißt und ihn zum Lügner
macht. Smith sagt, in den ersten Tagen höre man von Män=
nern, die Stunden, ja Nächte lang klagen und weinen über
die von Gott ihnen aufgedeckten Sünden. Dann wird zum
Positiven übergegangen und die Menschen werden auf die Ver=
antwortlichkeit geführt, wie sie uns in Röm. 12, 1. 2. vor=
gehalten wird, daß wir nach alle der erfahrenen Barmherzig=
keit Gottes unsere Leiber mit allem, was wir sind und haben,
als lebendige Opfer auf den Altar Christi legen sollen, worauf
etwa noch eine besondere Versammlung dazu bestimmt wird, in
möglichst vielen kurzen Einzelbekenntnissen den Dank für das
in dieser Zeit vom Herrn Empfangene auszusprechen. Die dritte
Stufe nun und den Schluß dieser meist zehntägigen Versamm=
lungszeit, deren erste Stadien, die Buße und die Uebergabe
an den Herrn, hiezu vorbereiten müssen, bildet ein Gesammt=
gebet um den heiligen Geist. Denn durch die zehntägige Warte=
zeit vor Pfingsten ist die Dauer dieses Versammlungscyklus
bestimmt, von ihrer Idee sein ganzer Gedanke getragen. Häu=

---

[1]) Barmer Vorträge 226 ff.

figes stilles Gebet mitten zwischen die Vorträge hinein, der
Beginn eines jeden Tages mit einer gemeinsamen Gebetsstunde,
auf welcher nach vieler Bekenntniß ein ganz besonderer Segen
ruht, ein stilles, von Aufregung freies und mäßiges Leben
während dieser Tage, das empfohlen wird, ein mächtiges Ein=
bringen auf die Seelen, wenn eben das Feuer der Zusprüche
sie warm gemacht hat, sich sofort, ohne Säumen, dem Herrn zu
ergeben und es zu glauben: Jesus errettet mich jetzt — alles
dies vereinigt sich noch mit dem Gang der Predigt, um den
Namen „geistlicher Exercitien" im besten Sinne des Wortes
für solche Conferenzen zu rechtfertigen.

2. Prüfung dieser Bewegung.

Was sagt hiezu vor allem die **Schrift?**

Hiefür müssen wir zunächst die Lehre der Schrift
von der Heiligung ins Auge fassen.

Daß in ihr die Heiligung den Christen, wie den Heiligen
des alten Bundes, allenthalben aufs Ernstlichste ans Herz ge=
legt wird, das wird unter uns kaum bewiesen werden müssen.
Die Heiligung wird in der Schrift als das große Ziel des
Rathes Gottes und des Werkes der Versöhnung dargestellt[1]),
die ernstlichsten Ermahnungen des Herrn und seiner Apostel
gehen dahin[2]), ihre heißen Gebete haben dieses zum Ziel[3]).
Nun ist es aber Wahrheit, daß Christus nicht umsonst
sein Blut vergossen haben, daß er und seine Apostel nicht
leere Worte machen, daß sie mit ihren Gebeten nicht in
die Luft streichen wollen. Also ist es unleugbar, daß
die Heiligung ein Ziel ist, dem von · den Christen aus

---

[1]) Eph. 1, 4. Kol. 1, 22. Tit. 2, 14. 1 Petr. 2, 24.
[2]) Matth. 5, 48. Röm. 6, 11—14. 12, 1. 2. 2 Kor. 7, 1.
Eph. 4, 1—3. 5, 1—4. Kol. 3, 1—5. 1 Theff. 4, 1—4. 1 Petr. 3,
13—16. Hebr. 12, 14. 15.
[3]) Joh. 17, 19. Eph. 3, 14—21. Phil. 1, 9—11. Kol. 1, 9—14.
1 Theff. 5, 23. 24. 2 Theff. 1, 11. 12. Hebr. 13, 20. 21.

allen Kräften — mit Furcht und Zittern, sagt der Apostel sogar Phil. 2, 12 — nachgetrachtet werden muß. Wenn ein ernstliches Treiben der Heiligung an sich in unserer evange= lischen Kirche eine Ketzerei sein sollte, so hätte diese damit sich selbst gerichtet. Kann aber darüber unter uns kein Zweifel sein, so fragt es sich nur, wie jene geschieht. Nun ist es freilich nicht so leicht, eine allseitig angenommene Darstellung der Schriftlehre hievon zu geben. Vielleicht haben aber folgende Grundzüge derselben unsere Zustimmung. Das Fundament der Heiligung im Sinn des Fortschreitens im geistlichen Leben[1] — denn das Wort Heiligung wird in der Schrift auch von diesem Fundament selbst[2] oder etwa auch von beidem[3] gebraucht — ist, daß der Mensch durch Buße und Glauben und den Empfang der Taufe sich von der Welt ab= und Christo zugewendet hat, was nichts Geringeres ist als ein Sterben mit Christo (Röm. 6, 3. 6. 12), und daß er in Kraft davon vor Gott gerechtfertigt und durch den Geist von oben wiedergeboren worden ist (Röm. 5, 1. Tit. 3, 5—7). Ist dies die Grundlage der Heiligung, so ist diese selbst oder der nun anhebende Prozeß der Weiter= entfaltung des neuen Lebens getragen von zwei Faktoren. Der eine ist Jesus Christus, unser Priester und König im Himmel, und was von ihm zu unserer Förderung im Heile ausgeht, nemlich seine Vertretung bei dem Vater und die fortgehende Erfüllung mit den Kräften seines Geistes, seines Wortes, des Dienstes am Wort und der von ihm gestifteten Sakramente. Der andere Faktor ist das, was auf Seiten seiner Gläubigen geschieht, was ich vielleicht am besten in die bekannte Dreiheit des christlichen Lebens, Glaube, Liebe, Hoffnung, zusammenfasse. Der Glaube besteht in stets fortgesetztem Absterben der Sünde in der Buße und in immer neuer Versenkung in die beim

---

[1] vgl. Röm. 6, 11—18. 1 Kor. 1, 30. 2 Kor. 7, 1. 1 Petr. 1, 22. Hebr. 12, 14.
[2] z. B. 1 Kor. 1, 2. Hebr. 10, 10. 14. 1 Kor. 6, 11.
[3] z. B. Jes. 17, 17. Hebr. 2, 11.

Beginn des neuen Lebens ein für alle Male eingegangene
Grundstellung zu Christo. In diesen Akten, welche überhaupt,
zur Vertiefung des neuen Lebens, besonders aber nach einge=
tretenen Sündenfällen, unerläßlich sind, wird Christi Leben und
Geist uns immer voller angeeignet und seine Einwohnung in
uns mehr und mehr vollzogen. In der Liebe wirkt sich dann
dieser Glaube in den verschiedenen Beziehungen des Lebens als
ein immer reicher sich füllender Baum voller Früchte aus. In
der Hoffnung endlich geschieht es, daß er nach seinem Voll=
endungsziel wartend ausschaut und in eifrigem Nachjagen sich
ausstreckt. Und da Christus selbst dieses Ziel ist, so führt
diese Linie in Jesum wieder zurück, von dem sie im Glauben
ausgegangen ist. Kann man sagen, daß die Religion über=
haupt die Zurückbiegung des von Gott gesetzten Lebens zu
Gott ist, so sehen wir, daß erst in dem Heiligungsleben des
Christen die Aufgabe der Religion zur Erfüllung kommt. Als
gemeinsame Wirkung dieser beiden Faktoren oder besser dieser
beiden Reihen von Lebensmächten nun, einerseits Christi mit
alle dem, was an seiner Person hängt, und andererseits jener
Vorgänge in den Seinigen, haben wir die Heiligung anzusehen.
Und wir können sie, als den Fortgang des neuen Lebens, ganz
unter den Gesichtspunkten betrachten, welche jeder Lebensprozeß
darbietet. Da handelt es sich einmal um den Bestand des
Lebens: er beruht auf den Grundthätigkeiten der Ausscheidung
und der Aneignung; es erhellt, daß sich dieselben gerade in dem
fortgesetzten Sterben in der Buße und dem Lebendigwerden im
Glauben an Christum vollziehen. Wo Leben ist, muß es sich
weiterhin auch auswirken, es muß bei dem Gläubigen zu den
Gott gefälligen Werken kommen; hier greift in Kraft der Triebe
des Geistes Christi die Bethätigung der Liebe ein. Endlich
findet bei allem Leben auch ein Wachsthum statt; zu demselben
wirkt mit dem auf unsere Vollendung abzielenden Walten des
Herrn und seinen Gnadenzuflüssen wieder das eigene Sichstrecken
nach dem Hoffnungsziele wesentlich zusammen. Als Mittel der
Heiligung müssen wir überhaupt den Gebrauch der Gnaden=

mittel nennen und alles, was des Herrn Arbeit und Führung
— auch durch die Schule der Leiden hindurch — an den
Seelen schafft. Es gibt aber auch besondere, gerade nur dem
bestimmten Zwecke der Förderung in der Heiligung dienende
Thätigkeiten, das Wachen und Beten, die Enthaltsamkeit und
andere Uebungen der Gottseligkeit, die man unter dem Namen
der Ascese zusammenfaßt.

Aus diesem reichen Netz von Vorgängen und Thätigkeiten
nun greift die Predigt von Smith nur einiges wenige heraus.
Einmal nimmt er objektiverseits, aus der Reihe göttlicher Faktoren, nur Christum: die Gnadenmittel, das Wort und die
Sakramente, selbst der h. Geist werden als Quelle der
Heiligung nicht viel oder gar nicht genannt. Eine Beziehung
namentlich auf die Taufe wäre besonders nahe gelegen, wo es
sich um die Uebergabe an den Herrn, eine Erwähnung des
Abendmahls, wo es sich um das Bleiben in ihm handelt. Indeß so sehr dies bei solchen, die nur S. hören, irre führen
könnte, so setzt dieser bei seinen Zuhörern doch voraus, daß sie
den Zusammenhang mit ihren Kirchengemeinschaften festhalten,
wo auf diese Gnadenmittel ja mehr oder weniger von selbst
Gewicht gelegt wird. Den Quäkern, welche von den Gnaden-
mitteln wesentlich anders denken als wir, gehört nur Frau
Smith, nicht er selbst an, und er gehörte ihnen nie an, wenn
auch wahr ist, daß die nicht eben puseyitisch gesinnten, d. h. die
nicht romanisirenden Gläubigen englischer Zunge, die Sakramente weniger betonen, als es in der lutherischen Kirche üblich
ist. In den Versammlungen zu Basel und Brighton aber bildete
die gemeinsame Abendmahlsfeier einen Höhepunkt in dem ganzen
Kreise derselben. Und ist denn nicht damit, daß Smith Christum mit allem, wozu er uns gemacht ist, so stark treibt,
wie er es thut, selbstverständlich auch alles das gesetzt, was
mit Christi Person so innig zusammenhängt wie die genannten
Gnadenträger? Die Gnadenmittel werden auch in den meisten
Schriften des neuen Testamentes nicht besonders stark getrieben,

in manchen kaum erwähnt; und doch werden wir sie nicht be=
schuldigen wollen, daß sie, die Gnadenmittel verachten. Ebenso
ist es auf Seiten der Gläubigen, wenn Smith auch in herr=
lichen Worten z. B. von der Liebe redet, die ohnedies in sel=
tenem Maß aus seinem ganzen Wesen leuchtet; und besonders
den hohen Segen des Leidens mit Christo preist, doch haupt=
sächlich wieder nur eines, was er herausgreift und treibt. Es
ist der Glaube an den Herrn. Es konnte und mußte, wenn
er vollständig sein wollte, auch die Liebe mehr betont werden,
welche eigentlich die Seele des neuen Lebens ist. Nicht minder
mußte auch die Hoffnung getrieben werden. Es durften über=
haupt die Früchte des Geistes nicht übergangen werden; denn
auch sie sind es, wodurch die Heiligung vollzogen wird. Auch
hier aber können wir wiederum sagen: wenn dies doch alles
aus dem Glauben fließt, so stellt es sich von selbst ein, sobald
dieser da ist. Smith stellt die Seelen immer wieder in den
Anfang der Heiligungslinie, er erneuert sie in ihrem Lebens=
quell, in ihrer Grundstellung zum Herrn; dort muß einsetzen,
wer die Seele von Grund aus erneuern will. Es ist nicht zu
vergessen, daß Smith principiell arbeiten und vor allem neues
Leben und neuen Zug, neuen Muth und neue Freudigkeit wirken
will. So ist die Eigenthümlichkeit desselben wohl verständlich,
überall nur die Spitzen zu ergreifen. — Auch dies ist einseitig
oder wenigstens unvermittelt, daß Smith, so sehr er bei dem
Akt der ersten Uebergabe an den Herrn und bei jeder neuen
Aufgabe der Heiligung den Willen betont, ebenso sehr nachher
den menschlichen Faktor im Gnadenstand zurücktreten
und den in uns wirkenden Herrn alles thun läßt. Die letztere
Seite hervorzuheben, ist evangelisch und war besonders bei dem
vergeblichen Abringen um die Heiligung bei einzelnen Seelen und
in manchen Kreisen unserer Christenheit eine außerordentlich
nothwendige Sache; sicher liegt darin die Hauptkraft der Or=
sorber Bewegung. Allein es ist doch nicht das Ganze. Es
findet im Gnadenstand ein Zusammenwirken des menschlichen,

nunmehr frei gemachten Willens mit der Gnade Statt. Von
dem Spruch Phil. 2, 12: Schaffet, daß ihr selig werdet, mit
Furcht und Zittern; denn Gott ist es, der in euch wirket u. s. w. —
faßt Smith nur die zweite Hälfte in's Auge; mindestens weiß
er beide Seiten nicht mit einander zu vermitteln. Die Schrift
freilich thut dies unmittelbar auch nicht. — Ließe sich daher
dieses alles noch leichter zurechtlegen, so ist es eine wichtigere
Differenz, daß Smith der Bekehrung, welche die Recht=
fertigung zur Folge hat, einen zweiten, ähnlichen fundamen=
talen Akt an die Seite stellt, aus welchem sich die Heiligung
ergeben soll. Zwar weist er den Ausdruck „zweite Bekehrung",
welcher dafür schon gebraucht wurde, entschieden zurück; und
auch die Bezeichnung dieses Lebens als „höheres Leben" —
für welche höchstens ihr Anlaß eine gewisse Entschuldigung ent=
hält, daß nemlich der Gegensatz davon, das gewöhnliche Leben,
in Wahrheit oft ein niedriges, des Christenberufes nicht wür=
diges Leben ist — ist als bedenklich von Smith aufgegeben
worden[1]). Gleichwohl wird die Sache festgehalten, wie das
dafür gebrauchte Bild der ehelichen Verbindung (vergl. oben)
klar zeigt. Die Schrift aber weiß nur von Einer fundamen=
talen Uebergabe an den Herrn, welche in der Bekehrung ge=
schieht. Von ihr und der nach apostolischer Praxis an sie sich
anschließenden Taufe, nicht von einer späteren Uebergabe, gilt
jene herrliche Mahnung des Apostels Röm. 6, 12, welche uns
den Punkt zeigt, auf den wir zurückgehen müssen, um stets
Kraft gegen die Sünde zu finden. Wohl muß jene einmalige
Uebergabe immer wieder erneuert werden, woraus die Heiligung
sich stets auf's Neue erhebt (Phil. 3, 7. 8); aber keine dieser
nachfolgenden Erneuerungen kommt an fundamentaler Bedeut=
ung jener ersten Uebergabe gleich. Wenn nun dem rechtfer=
tigenden Glauben die Heiligung als ein zweiter, gleich grund=
legender Vorgang an die Seite gestellt wird, so kann es scheinen,

---

[1]) Die Segenstage in O. 50.

jener werde in seiner Bedeutung geschädigt. Ja es könnte durch die Weise, wie von der Heiligung geredet wird, auf die Rechtfertigung der Schein zurückgeworfen werden, als vermöchte diese jene nicht zu bewirken. So mochte es auch wohl manchen befremden, daß vom Verlassen der ersten Liebe, von dem Ab= gekommensein aus dem lebendigen Glauben und ähnlichen Buß= worten der Offenbarung Johannis in den Zeugnissen aus der Oxforder Bewegung nichts zu vernehmen war. Allein wir dürfen eine wichtige Sache nicht vergessen. Die Schrift geht in jenen Aussagen von der Voraussetzung aus, daß der nor= male Stand stattgehabt habe und man durch eine gründliche Bekehrung geführt worden sei. Aber wie, wenn diese nicht erfahren worden ist, was der Fall des in der äußeren Kirch= lichkeit des anglikanischen Stammes aufgewachsenen Smith war und ebenso weitaus der meisten seiner Zuhörer ist? Er er= kennt ausdrücklich an, daß jene Heiligungsgnade schon bei der Bekehrung gegeben werden sollte, aber meistens durch langes, Gott entehrendes Irren in der Wüste aufgehalten werde[1]). Was sollte nun geschehen? Smith konnte einfach darauf dringen, daß eine solche gründliche Bekehrung nachgeholt werde; er konnte dies damit begründen, daß es fraglich sei, ob eine Bekehrung, welcher keine Heiligung folgt, uns auch wirklich Vergebung der Sünden gebracht habe. Er thut dies nicht, läßt vielmehr die geschehene Vergebung harmlos stehen; und wer weiß, zu welchen Gewissensnöthen es führen muß, wenn man die Bedingungen der Rechtfertigung zu hoch schraubt und von der Bekehrung zu viel verlangt, wird dies am Ende nur gutheißen können. Er holt aber die Bekehrung thatsächlich nach, indem er als Weg der Heiligung nichts anderes empfiehlt, als was eben schon zu einer gründlichen Bekehrung gehört. Nur macht er, indem er als dessen Folge nicht die Rechtfertigung, sondern die Heiligung verspricht, einerseits jene nicht zu sehr von unserem subjektiven Stande

---

[1]) Die Heiligung durch den Glauben 92.

abhängig, andererseits stellt er damit die Erfüllung einer Auf=
gabe in Aussicht, die erst dann sich recht uns aufdrängen kann,
wenn uns das Schuldgefühl nicht mehr niederbrückt, und
dann auch gerade bei den tiefsten Seelen zum heißen Verlangen
sich gestaltet. Eine Geringschätzung der Gnade Christi und des
Blutes der Versöhnung möchte sich Smith um keinen Preis zu
Schulden kommen lassen. Das Blut Christi sei der einzige
Weg, auf welchem uns Gottes Gnade zu Theil werden könne;
das Versöhnungsblut werde von ihm mehr denn je verherrlicht,
niemals habe er das Blut Christi so bedurft, wie jetzt, um
ihn vor der Sünde zu bewahren[1]). „Der Kieselstein am Wege,
fährt er dann in herrlichem Bilde fort, wird von jedem Staub=
wirbel beschmutzt. Oft reinigen ihn Regenschauer; aber er
wird immer wieder staubig. Ein anderer Stein, von gleicher
Art, liegt in dem Bache und wird daher fort und fort durch
das fließende Wasser rein erhalten. Wolken von Staub gehen
darüber, berühren ihn aber nicht u. s. w." Mehr, als Smith
durch seine Lehre von der Heiligung thut, kann man die
Gnade nicht verherrlichen. Indem er sie, statt aus dem eigenen,
fruchtlosen Sichabringen, vielmehr aus dem Glauben ableitet,
behandelt er sie nicht nur aus demselben Geist heraus, wie die
Rechtfertigung verstanden sein will, sondern knüpft sie auch mit
derselben enge zusammen, wenn er auch die Fäden dieses Zu=
sammenhangs zu wenig aufzeigt. Zwar daß die Gabe des
Geistes erst der Vergebung folgen kann, lehrt er, wenn er
z. B. sagt[2]): „Erst das Blut und dann das Salböl;" aber
daß dieser Geist, der Geist der Liebe, auf Grund der empfangenen
Vergebung zu Theil wird (vgl. Röm. 5, 5. Luc. 7, 47), weist
derselbe nicht nach. Daß Smith überhaupt die Begriffe der
Schrift, die er stufenweise in einzelnen, tiefgehenden Erfahrungen
als Realitäten kennen gelernt hat, z. B. nach der Sündenver=

---

[1]) A. a. O. 48. 73. 74.
[2]) A. a. O. 48.

gebung die Heiligung, dann die Liebe, dann die Erfüllung mit
dem h. Geist, nicht organisch zusammendenkt, wollen wir ihm,
dem Nichttheologen, nicht so sehr verargen. Ebensowenig, daß
er die Schrift nicht immer richtig ausgelegt und an=
gewendet hat; ist er doch auch darin ein Kind der anglika=
nischen Theologie. Oft aber zeigt er gerade sehr tiefe Blicke in
die Schrift und macht die schlagendsten Anwendungen von ihr.
Daß er dazu gerne auch das A. Testament gebraucht, ist na=
türlich. Nicht nur der Einbau des gottseligen Lebens, sondern
namentlich auch die Grundgedanken des N. Testamentes müssen
aus ihm gewonnen werden. Wer insonderheit wissen will,
was heilig sein heißt oder was der Glaubensgeist ist, muß dort
in die Schule gehen. Fassen wir daher die Hauptsache ins Auge
und beurtheilen die Sätze Smiths ohne Kleinlichkeit und mit
Noblesse, so wie wir unsere Aeußerungen behandelt zu sehen
wünschen, so haben sie von einer Prüfung an der Schrift
nichts Wesentliches zu fürchten. Wohl aber müssen wir ihm
das Zeugniß geben, daß er einer Mahnung der Schrift unter
uns zum Gehör verholfen hat, die leider lange genug über=
hört worden ist.

Daß er aber auch mit seiner Methode vor der Schrift
besteht, möchte wenigstens manchen zweifelhaft erscheinen. Ob
er namentlich mit der Hinstellung seiner Erfahrung dem Schrift=
gebrauch getreu bleibt, ist vielfach gefragt worden. Ich möchte
aber hierin nicht zu streng urtheilen. Paulus stellt doch seine
Gesinnung und seine Führung für seine Pflegbefohlenen öfter,
nicht nur zur Ermunterung, sondern auch — was S. nicht
thut — zum Muster hin; es sei in dieser Beziehung nur an
Phil. 3, 17. 4, 9. 1 Thess. 1, 6 erinnert. Wäre das ein
Fehler, so lägen in demselben auch unsere meisten Versamm=
lungshalter. Mit Geist und Maß gehandhabt, weiß ich dies
aber nur zu billigen; es faßt an und zeigt uns die Wahr=
heit in unserem Fleisch und Blut. Und wenn nun Smith
auch das Leben der Theilnehmer an seinen Versammlungen in

die Hand nimmt und es zu einer Entscheidung und Gestaltung
in einer bestimmten Richtung zu führen sucht, so ist wohl auch
dieses nicht ohne Weiteres zu tabeln. Ich sehe dabei natür=
lich ab von allem Einzelnen in seiner Methode und in seinen
Versammlungen. Daß z. B. Frau Hanna Smith in Versamm=
lungen redet, in denen auch Männer Zutritt haben, fällt zwar
englischen und amerikanischen Christen, wie man hört, nicht
eben so auf, als uns, ist aber eben doch wider die Schrift
(vgl. 1 Kor. 28, 34); ob das Weissagen, welches auch von
Weibern vorausgesetzt wird (vgl. 1 Kor. 11, 5) und worin
wir gerne eine Gabe der geistesmächtigen Frau Smith aner=
kennen, etwas vom Apostel für die öffentlichen Versammlungen
Zugelassenes war, ist doch sehr fraglich. Das Bekennen und
das Beten um den h. Geist sodann in einer der Brightoner
Zusammenkünfte in allen in jenem Kreis vertretenen Sprachen
ist eine äußerliche biblische Nachahmung, die wir lieber der
römischen Propaganda überlassen hätten, in welcher dies be=
kanntlich alljährlich geschieht. Im Allgemeinen aber ist mir in
jener Methode etwas entgegengetreten, das mir, so sehr es
von unseren, fast aller Erziehungs= und Anfassungsmittel be=
raubten Kirchengebräuchen abweicht, doch gerade den apostolischen
und altkirchlichen Zuständen näher zu liegen scheint, dem Ringen
um die Seelen, damit Christus in ihnen Gestalt gewinne und
jeder vollkommen in ihm dargestellt werde, dem mütterlichen Um=
kreisen derselben, selbst dem Wandeln der Stimme, um die
Herzen zu gewinnen, wovon wir bei Paulus wiederum so
Herrliches lesen (vgl. Gal. 4, 9. 20. Kol. 1, 28. 1 Thess.
2, 7). Mit dem Amen unserer Predigt müssen wir leider
unsere Zuhörer tausend Mal in die weite Welt hinaus ent=
lassen, in einem Zustand, in welchem sie einerseits eben warm
geworden wären für weitere Bearbeitung, andererseits aber ganz
und gar nicht im Stande sind, dem Andrang der Welt zur
Unterbrückung der empfangenen Eindrücke Widerstand zu leisten.
Eine bewegtere, lebendigere Weise des Gesangs, abwechselnd mit

der gemesseneren, je und je ein Gesang zwischen die Reden hin=
ein, ein stilles Gebet bei den oft so langen, für viele unfrucht=
baren, lauten Gebeten, ein Anbringen an die Herzen zu einer
Entscheidung, vielleicht auch, obwohl dies nicht immer ganz un=
bedenklich ist, zu einem Bekenntniß, — das sind Dinge, die
recht gehandhabt uns zu vielem Segen werden könnten. Wir
verstehen es ganz, daß die kirchlichen Formen der Erbauung
so sind, wie sie sind, und geben zu, daß sie für ihre Zwecke
im Allgemeinen trefflich gewählt sind. Allein wir glauben,
eine freiere Weise der Erbauung wäre neben ihnen auch am
Platz. Sicher würde die eine Weise der andern zum Segen
gereichen und sie heben.

Vergleichen wir sodann die Oxforder Bewegung mit ver=
wandten **kirchengeschichtlichen** Erscheinungen, so erinnert
sie vor allem lebendig an den Glaubensgeist Luthers und sein
Treiben des täglichen Sterbens und Auferstehens mit Christo.
Smith bekennt auch ausdrücklich, aus Luthers Schriften,
wie aus denen Tholuks, viel Segen empfangen zu haben.
Vielleicht könnte man sich auch gerade für die Heiligung durch
den Glauben auf die tiefsten Gedanken der lutherischen An=
schauung berufen. Denn heilig ist man nach dieser unstreitig
durch den Glauben. „Nicht unseres Standes halben, sagt
Luther, sondern des Wortes und des Glaubens halben sind
wir — heilig und Gott wohlgefällig.“ Und im kleinen Kate=
chismus: Der h. Geist hat mich im rechten Glauben geheiliget
und erhalten. Allein Luther versteht unter dieser Heiligkeit
die Gerechtigkeit vor Gott, nicht die wirkliche Heiligkeit des
Lebens. Der Gesichtspunkt der Rechtfertigung vor Gott, die
seiner Zeit zu verkünbigen Luthers Mission war, beherrscht bei
ihm zu sehr alles, und andererseits hatte die katholische Weise
der Frömmigkeit bei ihm zu sehr alles Heiligungsstreben dis=
creditirt, als daß nicht der Anspruch auf Beachtung, welchen
die Heiligung und die guten Werke nach der Schrift unstreitig

haben, hätte in etwas verkümmert werden müssen [1]). Sie werden zu sehr als bloßes Anhängsel des Glaubens behandelt, statt als eine Sache zu gelten, die an sich selbst, vermöge der Ehre Gottes und der Rechte seiner Heiligkeit, nothwendig ist und daher Selbstzweck sein muß. Die reformirte Kirche weicht darin zwar etwas von der lutherischen ab, aber doch nicht so wesentlich, daß sie jenem Gesichtspunkt ganz genügt hätte. Dieser Mangel der Reformationskirchen, wie überhaupt das Bedürf= niß einer Neubelebung derselben, war der Punkt, welcher die späteren bedeutenderen Bewegungen in denselben hervorrief. Der Pietismus von Spener, Franke und andern verlangte eine wahrhafte Wiedergeburt und predigte den Ernst der Hei= ligung. Seine Berührung mit der Oxforder Bewegung er= streckt sich bis auf den Scheltnamen „Perfektismus" hinaus, den man der einen wie dem andern gab. Freilich, nach einem heilsamen Werk der Neubelebung der Kirchen versank er, wie unser Bengel sammt Zinzendorf klagte, allmählich in eine gräm= liche und gesetzliche Betreibung des Heiligungslebens. Der Pie= tismus englischer Zunge, der Methobismus, welcher natür= lich Smith näher lag als der deutsche, bringt seinerseits ähnlich auf den Ernst des Lebens, auf eine lebendige Bekehrung und auf ein bestimmtes Bewußtsein derselben wie auf einen rastlos zum Ziel der Vollkommenheit hinanringenden Heiligungseifer. Er setzt für diesen Zweck überdies die Mittel einer stärkeren Anfassung, einer durchgeführten Seelenpflege und einer nach= haltigen, umfassenden Arbeit in den Lagerversammlungen (den sogenannten camp-meetings) in Bewegung. Smith ist un= verkennbar vom Methobismus berührt worden. Jene wenigen unter seinen Arbeitern, welche ihn auf die Nothwendigkeit und Möglichkeit der Befreiung von der Sünde hinwiesen, indem sie ihn fragten, wie viel Sündigen denn nothwendig sei, um

---

[1]) Vgl. darüber das Buch des Verfassers: Der Glaube der Kirchen und Kirchenparteien S. 367 ff.

ein orthodoxer Christ zu sein, waren nach mir gewordenen
Mittheilungen Methodisten. Das Betonen der Kraft der be=
wußt erfahrenen Gnade, das Streben nach der christlichen Voll=
kommenheit, wie manches in der systematischen Anfassung und
Bearbeitung der Seelen ist bei Smith wohl auf Anregung
der Methodisten zurückzuführen. Nur löst er den Glauben
weit mehr als sie von dem Gefühl ab. Das Streben nach der
christlichen Vollkommenheit, die nach der Lehre J. Wesley's
in der völligen Liebe besteht und, wie das ganze Heiligungs=
leben, doch noch den Charakter eines etwas peinlichen und ge=
setzlichen Ringens von unten nach oben an sich trägt, macht
er zu einem evangelischeren, zu einer Gabe von oben. Ein Pie=
tist oder Methodist in den Dingen des Lebens ist Smith ohne=
dies nicht; er und seine Familie bewegt sich, wie wir aus
„Frank, ein glückliches Leben,“ ersehen, in den irdischen
Freuden ziemlich frei und ohne Skrupel. Die Weise der Bear=
beitung der Zuhörer endlich ist bei ihm nicht aufregend, in
seelischen Stürmen mit fortreißend: von Gefühlsausbrüchen,
von Seufzern, Convulsionen und Aehnlichem, was in früheren
Erweckungen, z. B. in denen am Ende der Fünfziger Jahre
in Amerika und England, vorkam, finden wir in seinen Ver=
sammlungen nichts. Treffend hat man das Verhältniß der
Orforder Bewegung zu dem Methodismus angedeutet, wenn
man sie einen „Methodismus der Freude“ oder einen „Metho=
dismus der Heiligung“ nannte, jenes Wangemann, dieses
Fabri. Ein freieres, evangelisches Moment, das dem Pietis=
mus in seinen beiden Gestalten, der deutschen und der englischen,
noch abging, brachte die Brüdergemeinde. Die Allgenug=
samkeit Christi, die Wichtigkeit eines unmittelbaren Herzensum=
gangs mit ihm und die Kraft dieses Umgangs für das christ=
liche Leben, namentlich aber der leichte Zugang zu demselben
waren die Punkte, welche hauptsächlich zu treiben ihr verliehen
ward. Es erhellt darum, wie nahe sich Smith mit dem Grund=
gedanken derselben, dem Glaubensblick auf Christum, berührt.

Wer zumal den Geist Zinzendorfs in seiner biblisch gereinigten
Gestalt kennt, wie er uns z. B. in den Schriften unseres
Steinhofer entgegentritt, wird sich bei Smith überall heimat=
lich angeweht fühlen. Immerhin aber ist zwischen der Brüderge=
meinde und diesem noch ein Unterschied, sofern Smith mehr
den Auferstandenen als den Gekreuzigten predigt, den Glauben
mehr als Willens= denn als Gemüthssache behandelt und auch
weit bestimmter auf die Heiligung das Auge richtet. Weiter
müssen wir durch Smith uns namentlich auch an Tersteegen
erinnert fühlen. Das Innige und Gänzliche des Abgeschieden=
seins von der Welt, das willige Offenstehen der Seele für Jesum,
das stille, eingekehrte Ruhen in dem alles in uns schaffen=
den Gott finden wir hier wie dort. Nur daß uns Tersteegen,
der Mystiker, mehr in die Tiefen des Umgangs mit dem
Herrn hineinführt, Smith, der Praktiker, aus diesen herausführt
zum Sieg über die Sünde, wie denn ohnedies der stille Band=
weber an der Ruhr und der bewegliche Amerikaner höchst ver=
schieden sind. Endlich muß ich auch speziell für unsere Heimat
der gesegneten Arbeit Johann Michael Hahns und seiner
Freunde gedenken, welche die Aufgabe der Heiligung schon
längst in das Auge faßten und hiefür auch die Allgenugsam=
keit Christi und die sündenüberwindende Kraft seines Blutes
geltend machen. Der Tiefblick in die Geheimnisse der gött=
lichen Weisheit und in die Geburt und Ausgestaltung des christ=
lichen Lebens freilich, der dieser Gemeinschaft verliehen ist, wird
bei dem praktischen Amerikaner nicht gefunden. Dagegen glaube
ich, daß das Freudige und evangelisch Freie, was Smith in
den Heiligungsgang bringt, ein frischer Lebenshauch ist, von
dem man sich auch in den Kreisen dieser Gemeinschaft gerne wird
berühren lassen. Wir könnten noch mehr Berührungen Smith's
mit kirchengeschichtlichen Erscheinungen anführen. Wir begnügen
uns aber mit den namhaft gemachten. Wir ersehen daraus,
daß er mit dem Edelsten und Bedeutendsten Fühlung hat, was
in der evangelischen Kirche seit der Reformation an der Lösung

der Aufgabe der Herstellung eines Christo würdigen Wandels im Evangelium bei dem Einzelnen und im Ganzen der Kirche gearbeitet hat. Das erklärt es auch, daß ihm so viele Sympathien entgegenkommen. Daß er den Glauben hochhält, muß ihm die Zustimmung der reformatorischen Kirchen bringen. Daß er die Heiligung betont, verbindet ihn mit den kirchlichen Gemeinschaften und Parteien, welche auf dem Grunde der Reformation eine Weiterführung der Arbeit derselben anstreben. Daß er die Heiligung und den Glauben in der Weise verbindet, wie es von ihm geschieht, ist gewissermaßen ein Neues und das Charisma, das ihm speziell verliehen war.

Ich komme an einen letzten Maßstab der Prüfung, an die **Erfahrung.** Kann Smith vor derselben sich ausweisen und bestehen? Seine Kritik unseres gewöhnlichen christlichen Lebens, die wir vor allem in's Auge fassen müssen, ist nicht etwas, was bei allen zutrifft. Gottlob gibt es Seelen, wo das Fallen, das Verzagen gegenüber der Sünde, das Ueberwundenwerden von immer den alten Fehlern nicht eben die Tagesordnung ist. Die Ueberwinderkraft Christi haben, was freilich Smith selbst dankbar zugesteht, gegründete Seelen gekannt und geübt, ehe Smith sie uns neu verkündigte. Manche unter uns haben sich gewiß durch seine Anregung wieder zurückversetzt gefühlt in ihre besten Zeiten, in die Jugend ihres geistlichen Lebens. Smiths Schilderung gilt eben, wem sie gilt. Und darin müssen wir ihm doch Recht geben, daß die meisten unter uns wohl in dem von ihm beschriebenen kläglichen Stande stehen, manche weil sie nie daraus herausgekommen, manche indem sie aus einem früheren, besseren darein zurückgesunken sind. Wir liegen manchfach in Sünden mit dem Bewußtsein, daß wir los werden könnten, mit dem bösen Gewissen, daß wir sie mit Wissen und Willen hegen. Ja wir haben uns, wie einst die Kinder Israel an ihre Knechtschaft, an diesen Zustand, unter einem geheimen Bann und Gewissensdruck dahinzugehen, der Art gewöhnt, daß wir einen

Stand, in welchem uns unser Herz nicht verdammt, kaum mehr
ertragen können, für möglich halten oder auch nur recht
ersehnen, so daß man uns wohl allen Ernstes fragen muß:
willst du gesund werden? Wo haben wir noch recht den
freudigen Trieb, ein fröhliches Glaubenslied dem Herrn zuzu=
jubeln oder in seiner Kraft eine völlige Uebergabe an ihn aus=
zusprechen? Von den schweren Flecken will ich nicht reden,
auf welche selbst oft die Welt an uns gläubigen Christen mit
Fingern weist. Damit daß wir diese Dinge dem alten Adam
zuschreiben und mit ihrem Namen zu benennen wissen, ist die
Sache noch nicht gethan. Es gilt ihnen gegenüber auch eine
Frage, der wir ins Angesicht schauen müssen, so unheimlich
sie uns vielleicht auch anmuthen mag. Ich will sie mir von
dem Volksblatt für Stadt und Land[1]) formuliren lassen. Sie
lautet: „Glaubst du, daß es dahin kommen kann und folglich
auch dahin kommen muß, daß du nie wieder heftig oder un=
geduldig, unfreundlich oder leichtfertig oder träge zum Guten
u. s. w. zu sein brauchst, daß nie wieder ein Mißbrauch des
Namens Gottes, nie wieder ein häßlicher Scherz, nie wieder
eine Lüge oder ein liebloses Urtheil, oder eine von Eitelkeit
und Selbstbewußtsein eingegebene Erzählung über deine Lippen
kommen wird?" Wir können es nicht leugnen, diese Kritik
von Smith, ohnedies freundlich und liebevoll gehalten, wie sie
es ist, muß uns im innersten Grunde treffen, so daß wir
uns nur derselben schuldig geben können. Aber leistet denn
der Weg von Smith auch, was er von ihm ver=
heißt? Seine Selbstbekenntnisse über die Siege, die er
erlebt, noch mehr Bekenntnisse mancher seiner Freunde lauten
etwas weitgehend, für uns unglaublich. Und man könnte
leicht auf den Gedanken kommen, so scharf er es mit der Kritik
des Zustandes vor der Heiligungsübergabe an den Herrn
nehme, so gelinde beurtheile er den Zustand nach derselben.

---

[1]) 1875, 296.

Wo der Schein verbreitet wurde, als werde auf diesem Wege
eine sündlose Vollkommenheit erreicht, war das eine greifbare
Uebertreibung: solche Aeußerungen sind von den Betreffenden
selbst corrigirt und vor allem von Smith zurückgewiesen
worden. Aber auch, so bleibt genug Hochgehendes, bisher
scheinbar Unerreichtes zurück. Wenn, wie bereits angeführt,
Smith bezeugt, sein persönlicher Stand in diesem sieghaften
Glauben sei seit acht Jahren nicht länger als für zwei Minu=
ten unterbrochen worden, so setzen wir vielleicht unwillkürlich
ein Fragezeichen dahinter, weil wir von unseren Erfahrungen
ausgehen. Allein wie, wenn es eben auch Erfahrungen gäbe,
die wir noch nicht gemacht haben? Smith warnt sehr davor,
die Schrift auf das Maß des seither Erlebten herabzuziehen
oder den Glauben anderer nach dem Maß unseres schwachen
Glaubens zu richten.[1] Thatsache ist das, daß viele auf die=
sem Wege eine Hilfe aus Sündenbanden, eine Förderung im
Glauben, eine Kraft zur Tragung von Widerwärtigkeiten
gefunden haben, wie sie dieselbe früher nicht kannten. Ich
könnte Beispiele nennen, so schlagend, als man sie nur wün=
schen kann; ich unterlasse es, sie dürfen nicht an die Oeffent=
lichkeit gezogen werden. — Vielleicht beanstandet man aber
von dem Standpunkt der Erfahrung aus am meisten das
Plötzliche dieser Siege. Und es ist gewiß wahr, daß das
Wachsthum ein allmähliches ist, gemäß Marc. 4, 28. Dies
hat Statt in den Perioden, wo sich Neues anbahnt oder wo
dasselbe, wenn es eingetreten ist, sich einleben muß. Ohnedies
setzt ja, uns unbewußt, vermöge des Gesetzes der Gewohnheit
ein jeder Lebensakt, der durchgangen wird, in den nächtlichen
Tiefen unseres Wesens einen Niederschlag ab, der sich im Guten
und Bösen als Wachsthum anlegt. Smith kennt dieses Gesetz
der Gewohnheit sehr wohl und beschreibt schön, wie es sich im
Leben der Heiligkeit ebenso mächtig erweisen müsse, als einst

---

[1] Heiligung durch den Glauben 51.

in dem Leben beständiger Niederlagen. „Man gewöhnt sich, in der Atmosphäre des Reiches Gottes zu leben, welches da ist Gerechtigkeit, Friede und Freude im heiligen Geist. Wie das Athemholen eine Gewohnheit ist, deren wir uns kaum bewußt sind und die nur nach einem zeitweiligen Zurücktreten des Lebens mühsam und anstrengend ist, bis die Luft wieder freien Zugang in den Körper gefunden hat, so wird auch der Glaube zur einfachen, unbewußten Gewohnheit der Seele, die sie nur Anstrengung kostet, wenn das Auferstehungsleben durch Sünde unterbrochen wird." [1]) Auch in anderer Beziehung verkennt Smith den allmählichen Gang der Heiligung nicht, wenn er nachweist, daß die Sünden, deren ganze Menge und Tiefe dem Gläubigen nicht auf einmal aufgeschlossen werden könne, allmählich aufgedeckt und abgelegt werden müssen. Ja selbst jene das Heiligungsleben einleitende Glaubensübergabe muß nach Smith nicht nothwendig eine plötzliche sein. „Vielmehr, sagt er, wie etliche keinen Zeitpunkt nennen können, da sie die Rechtfertigung erlangten, so ist auch diese Erfahrung — nicht bei allen so bestimmt. Sei es aber das Werk von Augenblicken oder von Jahren, so ist es das Werk des h. Geistes." [2]) Und wenn nun Smith, welcher hauptsächlich dem bewußt vor sich Gehenden im christlichen Leben sich zuwendet und auf den Willen einbringt, allerdings mit Nachdruck auf momentane Entscheidung drängt, so hat er hierin doch auch die Erfahrung für sich. Die innere Entwicklung geht ja unleugbar auch stoßweise vor sich. Dies gilt selbst von Entscheidungen weittragender Bedeutung oder von Gnadenerfahrungen, die unser ganzes Wesen aus den Angeln heben. Vielleicht ließe es sich zeigen, daß gerade alle wichtigen Entscheidungen im Leben, alle Rucke, die uns vorwärts bringen, wie lange sie auch vorbereitet gewesen sein mögen, doch momentaner Art sind. Ins-

---

[1]) Wandel im Licht 61. 62. 69.
[2]) Heiligung durch den Glauben 92.

besondere eignet den Willensentscheidungen etwas Stoßweises. In eine lange Zeit auseinandergezogen sind Entschlüsse schwer und kommen vielleicht gar nicht zu Stand; auf einen Zeit- punkt zusammengedrängt, in welchem sich alle Geisteskraft in wenige Stöße zusammenfaßt, erfolgt ihre Geburt leicht. Man müßte aber überhaupt die Natur der geistigen Arbeit, der Dichtung, der Conception einer Predigt u. dergl., nicht kennen, wenn man leugnen wollte, daß den Zeiten des langsamen Sich- abmühens auch Perioden des Schwunges und besonderer Ge- tragenheit folgen, wo die Dinge uns mit Leichtigkeit, wie von selbst, zufließen. Selbst im Natürlichen sehen wir diesen Wechsel. Es gibt an den Gewächsen nicht nur Knoten, die langsamer wachsen, sondern auch glatte Parthien, die schnell auf- steigen, nicht nur die harten Jahrringe, bei denen die Zellen langsam sich ansetzen, sondern auch die Zellenlagerungen zwischen ihnen, die rasch anschießen. — Auch daß es im christlichen Leben der Erfahrung gemäß nicht ohne Kampf gehe, scheint ein wichtiges Bedenken gegen Smith. Kampf stellt sich schon · ein, wenn man nicht mehr von den Wogen jener großen festlichen Versammlungen getragen wird, vielmehr wieder in das ermüdende Treiben des alltäglichen Berufslebens sich hinein- gestellt sieht. Namentlich erhebt er sich aber dann, wenn die Versuchungen des Temperaments oder Anfechtungen von Seiten der Finsterniß, von denen der allein Sündlose auf Erden am schwersten heimgesucht worden ist, über uns kommen. Auf eine in dieser Beziehung an ihn gerichtete Frage antwortete Smith, was Temperamentsfehler betreffe, so werde man zwar von denselben angelaufen, aber es sei eine Erfahrung, daß man sie auch überwinden könne und dann oft gerade darin seine starke Seite erlange. Daß Anfechtungen kommen, sei nicht zu vermeiden, er selbst habe deren während seines neuen Gnadenstandes ganz überwältigende gehabt (und er hat eben jetzt wieder neue, durch ein schweres Kopfleiden); aber er zeige den Weg der Schrift, aus denselben herauszukommen oder

wenigstens in ihnen zu überwinden. Auch ist, was die Ge=
buld betrifft, wohl die Frage gestattet, wo ein größeres Maß
derselben erforderlich ist, da wo es gilt, unter allen Wechseln
des Lebens und den täglichen Veränderungen der Stimmung
jene Glaubensruhe eines an den Herrn übergebenen Willens
festzuhalten, oder bei unserer Gewohnheit, uns gehen zu lassen
und mit uns zufrieden zu sein, wenn wir nur irgendwie durch
die vorliegenden Uebungen, gleichviel wie es auch sei, durch=
kommen. Gerade deßwegen könnte freilich umgekehrt manchen
der von Smith empfohlene Glaubensweg als gesetzlich erschei=
nen, weil er ein zu hohes Ziel vorstecke. Es fragt sich aber,
ob dieses Ziel höher ist, als die Schrift es steckt und die Er=
fahrung es zuläßt. Wenn nicht, so fällt auch dieser Schein
dahin. Wahr ist es, es geht ein mächtiger Antrieb von dieser
Bewegung aus, die uns nicht ruhig im alten Geleise dahin=
gehen läßt. Aber es gibt nicht leicht etwas Lieblicheres und
Einladenderes, als Smiths Weise, allein den Heiland zu trei=
ben und ihm alles zu überlassen. Sonach wird der Grund=
gedanke der von P. Smith ausgegangenen Bewegung wohl
auch an der Erfahrung nicht zu Schanden werden.

Ich komme an die

3. Bedeutung dieser Bewegung.

Es handelt sich hier zunächst um ihre allgemeine
Taxation. In dieser Beziehung verstehe ich es zwar wohl,
daß von Seiten Smiths und seiner Freunde, von jenem zudem
zunächst unter namentlicher Beziehung auf Moody und Sankey,
Ausdrücke gebraucht werden konnten, die weit über die Grenzen
hinausschießen, kann es aber im eigenen Interesse dieser Sache
doch nicht billigen. Wer diese Erscheinungen z. B. der Re=
formation an die Seite setzt oder sie gar über sie stellt, weiß
einfach nicht, was die Reformation für ein Ereigniß war.
Denn Massenversammlungen, welche die Reformation nicht in

dieser Weise kannte, entscheiden hier nicht. Dann müßte offen=
bar auch das Mittelalter, in welchem ein Berthold von Regens=
burg gewaltige Massen predigend um sich sammelte — die
übertriebenen Schilderungen der Chronisten schreiben sogar von
100,0000, ja von 200,000 Zuhörern — auch größer gewesen
sein als sie. Ebenso unrichtig ist es aber nach meiner Ueber=
zeugung auch, wenn man Smiths Wirksamkeit, ich will nicht
sagen als Schaden für unsere Zeit darstellt, sondern auch nur,
wenn man sie als von so gar geringer Bedeutung tarirt. Ich
denke hiebei nicht an ihre äußere Ausdehnung, die doch bereits
groß genug ist. Ich habe vielmehr das Tiefgreifende derselben
im Auge und will dies in Kürze beleuchten.

Es ist eine Zeit, welche das Eintreten einer frischen
Bewegung in die Schwüle der allgemeinen Stimmung der christ=
lichen Kreise sehr bedurfte. Die äußere Physiognomie derselben
ist bei dem massenhaften Ueberhandnehmen des Unglaubens und
seinem Fortschreiten zu seither ungekannten Tiefen, wie bei den
Fesseln und dem Druck, unter welchen die freie Bewegung und
Entfaltung der Kirchen vieler Orten schwer gehemmt und
geschädigt wird, unverkennbar eine sehr gedrückte. Nach innen
ist zwar wohl eine Wiederbefestigung im alten Glauben durch
eine erneuerte, sehr regsame Arbeit zur Vertheidigung desselben
eingetreten, nicht aber eine entsprechende Frucht davon zum
Vorschein gekommen; im Gegentheil könnte gegenüber dem fort=
geschrittenen Unglauben gerade durch jene das behagliche Ge=
fühl der Selbstgerechtigkeit uns eingegeben werden, als wäre
damit schon alles gethan, daß wir noch die Elemente des
Christenthums festhalten. Es ist weiter unleugbar, daß die
praktischen Arbeiten des Reiches Gottes sich sehr ausbreiten
und nicht ohne Segen sind; aber es ist auch klar, daß ihre
Ausdehnung, wenn nicht von einem schwachen Organismus mehr
geleistet werden soll, als er vermag, ernstlich eine Vertiefung und
Kräftigung des ganzen sie tragenden Lebens und eine neue,
frische Regung erfordert. Dazu kommt, daß unsere Zeit

immer augenscheinlicher großen Entscheidungen entgegentreibt, für die wir noch lange nicht genug ausgestattet sind. In einer solchen Zeit nun erfahren wir eben diesen frischen Luft= zug. Es wird Werkzeugen des Herrn gegeben, eine lebendige Bewegung in die Geister zu bringen, den niedergeschlagenen Muth wieder zu beleben, den gebundenen Willen wieder mächtig aus den Angeln zu heben, um die er mechanisch kreiste, indem sie einerseits die Aufgabe der persönlichen Heiligung eindring= lich vor die Seelen stellen, andererseits dem Streben darnach einen freien, freudigen, evangelischen Geist einhauchen. Indem Smith die Seelen durch die wahre Idee des christlichen Lebens aus dem letargischen, resignirten Wesen aufweckt, zugleich aber auch ihnen zeigt, wie ein gottgefälligeres Leben möglich ist, und dadurch Freude und Friede in viele Herzen bringt, leistet er eben das, was uns nöthig ist. Er führt uns aus dem schwülen Druck des Tieflandes in die Sommerfrische eines höheren Lebens; denn thatsächlich ist es doch dieses, was seine Predigt bringt, wenn wir auch den Gebrauch dieses Namens nicht billigen konnten.

Nicht nur, daß er uns in seiner Predigt die alte Schrift= wahrheit überhaupt wieder theuer und werth macht, ist seine Bedeutung. Er hat nur Eine Predigt zu treiben. Und diese ist eben kurz zusammengefaßt in der von ihm selbst aufge= stellten Losung der Heiligung durch den Glauben. Wollen wir ihn darum tadeln, daß er nicht den ganzen Heilsweg von A bis Z treibt, daß er nicht ein Bußprediger, ein Pre= diger der Liebe, der Hoffnung, sondern ein Glaubensprediger ist und auch ein Prediger des Glaubens nur in der bestimm= ten Richtung der Heiligung? Er ist nun eben einmal Spezialist. Von einem Arzte, der mein krankes Herz, meinen unthätigen Unterleib heilen soll, verlange ich billig nicht, daß er meine Zähne oder meine Augen in Behandlung nehme. Wer eine Aufgabe in der Weltgeschichte hat, muß diese für sich mit Kraft und mit einer gewissen Einseitigkeit treiben. Eine ganze Dog=

matif, ein ganzes System der Moral läßt sich nicht zumal in
eine Zeit hineinwerfen. Nur eine Idee, isolirt von den an=
dern und scharf zugespitzt, oder Ein Prinzip in seiner Allge=
meinheit kann jedes Mal in die Hand genommen werden, sollen
sie wie ein Keil in die Zeit eingetrieben werden. So hat es
Smith gemacht. Er hat eine tiefgehende, prinzipielle Idee in
die Hand genommen, wenn er, wie wir sahen, gerade die be=
herrschenden Spitzen in gewissen Reihen von Lebensmächten und
Lebensprozessen herausgegriffen hat. Und er hat damit auch
seine Rathschläge um so traktabler und für den einfachsten
Christenmenschen zugänglich gemacht, hat einen l e i ch t e n, p r a k=
t i s ch e n H a n d g r i f f gezeigt, wie diese Aufgabe eines christ=
lichen Lebens anzufassen sei. Er hat so dem entsprochen, dem
ein Jüngling ihm gegenüber den bezeichnenden Ausdruck gegeben
hat: „O, wenn Sie doch nur das Evangelium so dahinlegen
könnten, so einfach, daß ich es nur aufnehmen und erfassen
könnte" [1]). So wie dieser Jüngling empfinden viele; und das
erklärt, wie mir scheint, vor allem den großen Eingang, den
S. fand. Dazu kommt, daß die Möglichkeit eines solchen
Glaubenslebens in seiner Person dem Hörer sofort lebendig
vor die Augen tritt. Aber macht er damit eben nicht‑aus
allem Ernsteren im Christenthum, aus dem Gesetz und dem,
was an ihm hängt, der Sünde, der Buße, zu wenig? Heißt
er uns doch, wenn eine Sünde den Frieden des Glaubens=
lebens gestört hat, sofort ohne Verweilen, fast wie mit einem
Sprung über dieselbe weg, den Umgang mit dem Herrn wieder
anknüpfen. Die N. evang. Kirchenzeitung führt in dieser Be=
ziehung ein Wort von ihm an, das in der That nicht unbe=
denklich ist. „Man macht aus der Reue ein so großes Wesen.
Sie ist aber ein höchst einfaches Ding. Wir brauchen nur
unsern Rücken der Welt zuzukehren und unser Angesicht Gott,
um an Jesum Christum zu glauben. Glauben ist so leicht

---

[1]) Parmer Vortr. 51.

wie Athmen, wenn man der Welt den Rücken zugekehrt hat."
Es spricht hier wirklich zu viel der resolute Willensmensch,
welcher mit der Sünde kurzen Prozeß macht, und der Glau=
bensmann, welcher uns auch die Buße evangelisch leicht machen
möchte, und zu wenig das Gemüth, das sich über seine Un=
treue anklagt und betrübt, zu wenig die göttliche Traurigkeit,
welche doch eine um so tiefere sein muß, je höher die Ansprüche
sind, welche man hier an sich macht. Ebenso mag in jenen
Selbstbekenntnissen Smiths über seine Gnadenerfahrungen im
Glaubensleben vielleicht mit Recht die volle Würdigung der
Macht und des Befleckenden der Sünde vermißt werden, die
ja nicht nur Begehungs=, sondern auch Unterlassungssünde,
nicht nur eine bewußte Sache, sondern auch ein Sichregen
und Bewegen im unbewußten Grunde des Seelenlebens ist.
Indessen müssen wir dazu nehmen, daß Smith, gerade indem
er vom Standpunkt des Willens aus die Sünde anfaßt, der=
selben mit einer Energie zu Leib geht, wie sie selten geübt wird,
wie er z. B. die Sünde des Unglaubens in ihrer tiefen Ver=
werflichkeit vor Gott schildert oder die Herausgabe des letzten
Bannes und der geheimsten Sündenliebe verlangt oder einem
damit Zögernden zuruft: „Leben ist nicht nothwendig, aber
diese Sünde hergeben ist nothwendig." Und es ist Thatsache,
daß Männer, welche ihr ganzes Leben lang Buße predigen
hörten und auch selbst sie gepredigt haben, durch Smith zu
einer Buße geführt wurden, wie sie dieselbe noch nie gethan
hatten. Kann es doch auch keine schärfere Gesetzespredigt geben,
als wenn man sich, so wie Smith dazu veranlaßt, den Spiegel
eines heiligen Lebens vorhält, und keine tiefere Erfahrung der
Sünde, als wenn man sich befleißigt, in einem solchen Leben
zu wandeln, wie auf schneeweißem Grunde schon der geringste
Schmutzflecken sich stark abhebt. Wäre nicht durch die Darbie=
tung des Glaubensweges ein Gegengewicht gegeben, so könnte
man die Smith'sche Predigt der Heiligung vielmehr, wie an=
gedeutet, geradezu gesetzlich finden.

Mehr aber noch als die Verkündigung von Smith wird seine **Methode** angegriffen. Ist es räthlich und göttlich, so große Versammlungen zu organisiren und „Massen zur Heilig= ung führen zu wollen, die dafür noch keineswegs zubereitet sind"? „Kann man überhaupt Erweckungen machen, müssen sie nicht gegeben sein"? Für gewöhnliche Zeiten und in regel= mäßig wiederkehrender Weise dürfte die Veranstaltung solcher Versammlungen, gerade von diesem Charakter, wohl zu bean= standen sein, obwohl wir an unseren christlichen Festen auch regelmäßig wiederkehrende Massenversammlungen haben, die eingebürgert und geradezu ein Bedürfniß geworden sind; für außerordentliche Zeiten sind sie es nicht. Es ist nicht zu ver= kennen, daß eben doch gerade auch in unseren Tagen, den Tagen der geringen Dinge, bei der vielen Gedrücktheit und Ermüdung ein tiefer Hunger nach Gottes Wort in den Herzen schlummert, der nur geweckt zu werden braucht, um mächtiger hervorzu= brechen, als man es für möglich hält. Die Versammlungen, vor denen ein Spurgeon, ein Moody und Sankey zu predigen pflegen, mögen eine Absonderlichkeit sein. Aber es bedarf keiner solcher Männer, um auch große Versammlungen herbeizuziehen. Mir geringen Theils wird in dieser Beziehung eine neulich in Basel gemachte Erfahrung für mein ganzes Leben unvergeßlich sein. Es war dort in der ersten Hälfte des Juli das eidgenössische Sängerfest gehalten worden. Eine in gewaltigen Dimensionen angelegte, akustisch vortrefflich gelungene, prächtig ausgestattete und Abends von einem wunderbaren Lichterglanz erfüllte Fest= hütte beherbergte dasselbe. Als das Fest, das im Ganzen einen sehr anständigen Verlauf genommen hatte, vorüber war, kamen einige Freunde auf den Gedanken, wie schön es wäre, wenn in diesen weiten Räumen Seelen, die in keine Kirche, geschweige denn in ein Vereinshaus kommen, das Evangelium nahege= bracht werden könnte. Bedenken, namentlich ob es Anklang finde, wurden genug dagegen laut, auch von mir. Allein jene Freunde blieben bei ihrem Gedanken. Von dem einen zu dem

andern der fünf Abende füllten sich die Räume mehr. Arm
und Reich, der Arbeiter in der Blouse und die Dame im feinen
Gewande saßen neben einander. Kurze Ansprachen evangeli=
sirender Art wurden bei fast lautloser Stille gehalten. Und
als man an einem Sonntag Abend diese Vorträge schloß, erhob
sich die nach Tausenden zählende Versammlung, den gewaltigen
Lobgesang: Nun danket alle Gott anstimmend, dessen Klänge
mächtig durch die weiten Räume hinbrausten. Gottes Herz
ist eben doch unendlich viel weiter als unser Herz, seine Ge=
danken sind himmelhoch erhabener als unsere Gedanken. Ob
so viele zumal, und wären es auch weit wenigere, ohne
Weiteres zur Heiligung zu führen sind, kann man
nun allerdings mit Recht fragen. Allein so ganz ohne Wei=
teres geschieht es von Smith doch nicht. Er predigt zuvor
Buße und dies in einer Weise, daß man sie kaum energischer
treiben kann. Und wie vielfach mögen die hier Zusammen=
kommenden, die doch meist aus suchenden Seelen bestehen, sonst
durch die göttlichen Führungen zubereitet sein. Smith weiß
es wohl, daß er nur die Saat anderer zu erndten hat; aus=
drücklich betonte er es einmal, diese ganze große Bewegung
(von Moody und ihm) sei nur eine Frucht der großartigen
Bibelverbreitung und aller der Evangelisationsarbeiten, die andere
vor ihnen gethan. Wohl liegt in den Gebeten, Liedern, Be=
kenntnissen ein starkes Moment der Erregung und, wenn auch
gar nicht auf das Gefühl hingearbeitet wird, so läuft am Ende
doch etwas Seelisches mitunter, wie ja auch bei dem geho=
benen Zusammensein so vieler der Resonanzboden unserer see=
lischen Natur sich gewaltig verstärkt. Allein, wenn denn doch
auf den Geist das Absehen ist, wenn gerade der Wille gefaßt
und das Gefühlaufregende fern gehalten wird, so wollen wir
uns an jenem etwa mitunterlaufenden Seelischen nicht zu sehr
stoßen. Wir leben nun einmal nicht nur geistweise; wir haben
auch eine Seele und selbst einen Leib. Die wollen auch ihr
Recht und ihre Gebühr. Selbst wer am meisten unter uns

den Geist treibt, folgt vielleicht doch dabei, mehr als er es
selbst weiß, einem Trieb seiner Natur. Die Dauer dieser
Versammlungen während des ganzen Tages und einer ganzen
Woche mag wieder diese seelische Erregung befördern helfen.
Aber unleugbar ist auch, daß wenn das Werk der Pflege der
Seelen irgend ein nachhaltiges sein soll, wir lernen müssen,
geduldiger und stiller auszuhalten und nicht gerade da abzu=
brechen, wo eben etwas sich zu gestalten begonnen hat. Ich
meinen Theils lerne an Smith verstehen, daß es gut war, den
Festen in Israel eine Woche einzuräumen, oder daß der Herr
Tage lang das Volk bei sich festhielt. Daß aber bei diesen
Versammlungen ein bestimmter Gang eingehalten wird,
werden wir nicht zu mißbilligen, sondern nur anzuerkennen
haben, wenn einmal nach dem Obigen überhaupt eine längere,
zusammenhängende, gemeinsame Arbeit an einer wichtigen geist=
lichen Aufgabe nicht unberechtigt ist. Selbst das Gipfeln dieses
Ganges in einem Gebet um eine reichliche Erfüllung mit dem
heiligen Geist, wenn dasselbe nur nicht mit einem Stürmen
oder mit der Meinung verbunden ist, als dürfte uns Gott nicht
auch auf die Erhörung unserer Bitten warten lassen oder als
dürfte man Gott ein neues Pfingsten abringen, das doch in
der apostolischen Weise sich nicht wiederholt, wüßte ich nicht
zu tadeln. Aber das Andringen auf die Herzen, jetzt durch=
zubringen in das volle Heil in Christo, der Anspruch, daß
ihnen dasselbe jetzt angeboten werde, das „Jesus errettet mich
jetzt" — ist wenigstens nicht dieses anstößig? Es sei mir da
ein Bekenntniß gestattet. Wenn ein beliebiger Mensch ohne
Weiteres sich an mich machte und etwa gar mit Aufbietung
aller Stimmmittel, aller Beredungskunst, aller Gefühlserregung,
ohne Legitimirung an meinem Wahrheitsgefühl und Gewissen,
mir das Messer des Jetzt auf die Brust setzte, ich würde sicher
einen starken Panzer um mein Herz legen. Ein künstliches,
gewohnheitsmäßiges, mechanisches Machen eines Jetzt müssen
wir entschieden verwerfen. Wenn etwas in der Welt so ver=

dient dies, mit dem Namen, womit Dr. Beck die Smith'sche Bewegung charakterisirt, dem Namen einer „geistlichen Par=forcejagd," gebrandmarkt zu werden. Wenn aber ein Mann von außerordentlicher Mission und göttlichem Beruf, der sich dessen auch bewußt ist, ein Mann, der an meinem Inneren sich legitimirt, mir göttlich klar macht, daß ich in diesem oder jenem Fehler stecke, daß ich eine seither nicht genugsam ge=brauchte Gnadenkraft ergreifen solle und dürfe, und mir sagt, wie Smith[1]): „jetzt, ehe du einen andern Athemzug thust, glaube dies für dich" — ich würde mich Sünden fürchten, mich deß zu erwehren. Denn wohl hat Gott seine Zeiten besonderer Heimsuchung und seine Wege, uns dafür vorzube=reiten; aber, so sehr sie Gott bekannt sind von Ewigkeit her, so wenig vermag ich meine Heimsuchungszeit an etwas anderem sicher zu erkennen als eben daran, daß seine Wahrheit mächtig mein Herz erfaßt hat. Nenne man das, wie man wolle, un=biblisch wenigstens (vgl. 2 Kor. 6, 2. Hebr. 3, 13) oder auch unkirchlich ist es nicht, nicht einmal unreformirt, geschweige denn unlutherisch, da man gerade in der lutherischen Lehre es festhält, daß jede an uns kommende göttliche Berufung ernst=lich gemeint sei. So halte ich es auch für praktisch gut ge=than, wenn Smith z. B. den Leuten zuspricht, nicht sowohl eine für zukünftig erforderliche, sondern die jetzt nöthige und dargebotene Gnade zu ergreifen. Was ist es denn überhaupt um das gefürchtete Jetzt? Unser ganzes Leben reiht sich aus lauter Jetzt zusammen, ein verlorenes Leben aus versäumten, ein wohl angewendetes Leben aus ausgekauften Jetzt. Ein versäumtes Jetzt kann uns noch einmal dargeboten werden, aber nur wieder in einem Jetzt. Wie viel kostbare Zeit wird von uns durch Unschlüssigkeit vertröbelt; und der Sünde gegen=über ist jeder verlorene Augenblick ein Gewinn für diese. „Der erste Augenblick gewährt der Sünde Kraft sich zu sammeln,

[1]) Die Segenstage in D. 33.

sagt Smith; der zweite stärkt sie noch mehr; in dem dritten
ist sie schon so stark, daß du sie nicht mehr überwindest." Für
sein Betonen des Jetzt beruft er sich auch auf eine Erfahrung
von Moody. An einem Sonntag Abend schloß derselbe eine
eindringliche Ansprache in Chicago damit, daß er den Zuhörern
sagte, sie sollen nach Hause gehen, darüber nachdenken und
ihm in der nächsten Woche sagen, was sie thun wollen. In
der nemlichen Nacht brach die schreckliche Feuersbrunst in Chi=
cago aus; und ehe der Morgen kam, waren schon einzelne
seiner Zuhörer in der Ewigkeit. Von dieser Stunde an drang
er auf augenblickliche Entscheidung für Gott [1]). Daß mit einem
solchen momentanen Ergreifen die Sache noch nicht gethan,
„daß Begeisterung noch nicht Heiligung ist" (Klöter), daß dem
ersten Jetzt immer wieder neue folgen müssen, daß aber mit
einer einmal geschehenen ernstlichen Uebergabe die folgenden
Akte zu einer Freude werden, erhellt aus dem schon Gesagten.
So werden wir sehen, daß wenn wir mit vorurtheilsfreiem
Blick auf den Kern dieser Sache eingehen, von da aus auch
manches an der amerikanischen Schale uns verständlicher wird.
Und daß ein Amerikaner zu uns kommt, wenn er uns eine
so kostbare Erfahrung mitzutheilen hat und die Liebe ihn dazu
treibt, möchte auch nicht zu tadeln, noch dürfte darin gar eine
„Invasion," eine „Ueberschwemmung" zu erkennen sein, seitdem
ein Apostel Paulus auch nicht zu Hause geblieben ist. „Sein
Vaterland muß größer sein," hält Wangemann treffend dem
beschränkten Landeschristenthum entgegen.

Verschließen möchten wir uns aber allerdings auch nicht
gegen zu Mißbilligendes in dieser Bewegung oder gegen
Gefahren derselben. Zu dem ersteren rechne ich es, wenn etwas
amerikanisch großartig, selbst von Smith, bei Beschreibungen
und sonst das große Messer gebraucht wird. Die Schilderung
der Berliner Versammlungen z. B. hat manche seiner nächsten

---

[1]) Die Segenstage in O. 38 f.

Freunde als etwas übertrieben angemuthet. Möchten wir dies am Ende noch arglos aufnehmen, so können solche Uebertreibungen leicht zu förmlichen Gefahren werden, — es sind freilich zunächst äußerlich sich an die Sache anknüpfende — wenn z. B. in Bekenntnissen der eigene frühere Stand gar zu abschätzig beurtheilt wird. Damit kann nicht nur dem eigenen Herzen der Glaubensgrund unter den Füßen genommen, sondern es dürften, wenn es von Predigern geschieht, leicht auch andere an der früheren Predigt derselben, die ihnen vielleicht zum großen Segen war, irre werden oder, wenn diese in die neue Bewegung miteingehen, solche Prediger, die das nicht thun, zu verwerfen veranlaßt werden. Ohnedies kann durch Versammlungen im Stil von Oxford geistliche Leckerei gepflegt und Entfremdung von dem gewohnten Gottesdienst gepflanzt werden. Ferner kann unwillkürlich der Zauber der Absonderlichkeit, der um die Sache gewoben wird, die Betheiligung an ihr als ein Verdienst erscheinen lassen. Es kann sich Fanatismus und Parteiwesen daran knüpfen. Diese Gefahren folgen freilich jeder engeren Vereinigung innerhalb der Kirche auf dem Fuße, auch solchen, die unter uns längst anerkannt sind, wie die Privatgemeinschaften oder die Societäten der Brüdergemeinde. Bedeutender sind die inneren Gefahren. Wer die Heiligung treibt, sehe wohl zu, daß er nicht mit einer Sache spiele, deren Natur und Tragweite er nicht genügend kennt, und bei sich oder andern einen Geist heraufbeschwöre, den er nicht zu bewältigen vermag; namentlich katholische und schwärmerische Verirrungen liegen hier nahe genug. Smith selbst indeß nennt diese Gefahr mit ernsten Worten: „Auf der Höhe des höchsten Vorrechts, daß wir durch Christum von aller Sünde erlöst werden können und sollen, sagt er, stehen wir zugleich am Rande der größten Gefahr. So wir sagen, wir haben eine inwohnende Heiligkeit (anders als durch die jeden Augenblick erfolgende Reinigung durch das Blut Christi), so betrügen wir uns selbst. Solch eine Täuschung ist eine Verleugnung

unserer Abhängigkeit von Christo, die Behauptung einer selbst-
gewirkten Heiligkeit, und ein Sichselbstbekleiden mit den schmu-
tzigen Lappen der eigenen Gerechtigkeit, verderblich für unsere
Seelen und ein Greuel vor Gott." Und namentlich auch vor
der Vernachläßigung der Versöhnung warnt er, einer Versuch-
ung, die bei der Betonung der Ueberwinderkraft des Auferstan-
benen nicht ferne liegen könnte. „Wir sind gewiß, daß der
Anfang alles Irrthums, in der Lehre oder in der inneren
Erfahrung, ein Außerachtlassen Golgathas ist, wodurch Satan
Macht über das Herz gewinnt. Wer nach dem Besitz dessen
trachtet, was in den Ausdrücken „der Sünde gestorben", „mit
Christo auferstanden" und „das Blut Jesu Christi macht uns
rein von aller Sünde" eingeschlossen ist, dessen Sicherheit liegt
in dem beständigen Zurückgehen auf die Versöhnung, in welcher
christlichen Gemeinschaft er sich auch befinde" [1]). Damit ist auch
gegeben, daß die Rechtfertigung in ihrer Stellung zu verbleiben
und man den Frieden aus einer neuen Versenkung in sie und
nicht sowohl aus der, immerhin gebotenen, steten Erneuerung
der Heiligung zu suchen hat. Daß man umgekehrt versucht
sein könnte, auf diesem Weg mit der Heiligung es zu leicht
zu nehmen und aus der Aenderung des Lebens eine bloße
Aenderung der Meinung von sich und von dem Wege der
Heiligung könnte machen wollen, ist wieder klar. „Beschwer-
liche Dinge lieben" (Fricker), bleibt eine Grundregel der Bekehrung und des neuen Lebens. Recht verstanden leitet aber
eben der von der Oxforder Bewegung uns dargebotene Hei-
ligungsweg, wie wir uns oben überzeugt haben, zu jener Uebung auf's Trefflichste an. Endlich, ob man nun in eigener
Gerechtigkeit sich erhebe und namentlich auch etwa auf die dem
sogenannten niederen Leben Angehörigen herabschaue oder es
zu leicht nehme, aus beiden Gefahren droht der Fall. Und
wer hoch steigt, wer einem höheren Ziel des christlichen Lebens

---

[1]) Wandel im Licht 58 f.

nachtrachtet, pflegt um so tiefer zu fallen. Möchte doch das für niemand die ganze Errungenschaft bleiben, die er aus dieser Bewegung davon trägt!

Sie sehen, wir verschließen die Augen nicht gegen die Gefahren. Allein heben wir nicht dadurch, daß wir auf sie hinweisen, alles das Segensreiche auf, was wir oben von dieser Bewegung namhaft zu machen hatten? Oder dämpfen wir damit wenigstens nicht gewaltig die Freudigkeit, darein einzutreten? Ich würde es bedauern, wenn dies geschehen wäre. Allein ich glaube nicht, daß es so sein muß. Das, an was sich keine Gefahr anknüpft, pflegt auch nicht eingreifend und durchschlagend zu wirken. Wenn eine Segensthür aufgethan ist, wollen auch fremde Geister durch dieselbe eindringen. Aller falsche Gnadenruhm kann uns das Kleinod der Rechtfertigung nicht herabsetzen. Die Gefahren, die sich um den Weg der Heiligung durch den Glauben lagern, sollen uns diesen auch nicht verdächtigen.

Hieraus ergibt sich schließlich von selbst

4. Unsere Stellung zu dieser Bewegung.

1. Zuerst möchte ich im Allgemeinen unserer Beherzigung nahe legen, daß wir in dieser Sache ein gerechtes Gericht richten. Urtheilen wir doch in derselben nicht in einer Weise, wodurch wir den eigenen Ast absägen, auf dem wir sitzen. Manche der Einwendungen gegen die Oxforder Bewegung hat man einst dem Pietismus, Zinzendorf und andern kirchengeschichtlichen Erscheinungen entgegengehalten. Diese sind bei uns legitimirt, trotzdem daß wir ihre schwachen Seiten und ihre Gefahren kennen. Noch mehr, wenn man uns selbst, unser Reden und Arbeiten, also unter das Mikroskop setzte, wie man es mit Smith thut, man könnte vielleicht auch manches finden, was nicht richtig ist, und wir würden mit Recht an einige Billigkeit appelliren. Hüten wir uns aber nament-

lich davor, die Predigt dieses Mannes darum von vornherein
abzuweisen, weil wir glauben, schon alles zu haben, was wir
bedürfen, und weil wir uns in dem Kreis von Gedanken, in
dem wir einmal festsitzen und uns wohl fühlen, nicht gerne
stören lassen. Gegen jede neue Erkenntniß, welche wesentlich
in unsere Anschauung eingreift, gegen jeden Schritt im Leben,
der uns einen Ruck vorwärts bringt, will anfangs unser gan=
zes Wesen sich aufbäumen, während ganz in der Stille eine
Stimme uns sagt, es wäre doch möglich, daß das uns Ange=
sonnene Recht hätte. Ich wiederhole einfach die Frage des
englischen Geistlichen Christopher: Soll das Trachten nach der
Heiligung auf einmal eine Ketzerei sein? Ich füge ihr die
andere bei: Soll es das Treiben des Glaubens sein? Und die
dritte: Soll es die Lehre einer Heiligung durch den Glau=
ben sein?

2. Insonderheit wäre ich für meinen Theil — ich ehre
vollkommen die entgegengesetzte Ueberzeugung anderer — als
Geistlicher nicht ruhig, diese Bewegung einfach abzuweisen.
Mir kommt vor, wir sollten froh sein, daß ein neuer Luftzug
durch unsere Gemeinden geht, sollten unserm Hut davor ab=
nehmen und selbst unser Haupt und Herz davon erfrischen lassen.
Wir würden mit neuer Freudigkeit erfüllt, unser Amt zu thun
und den Seelen das Glück anzupreisen, Jesu anzugehören.
Und sind wir lernbegierig genug, so könnten wir wohl von
Smith gewiß auch viel lernen, z. B. so leicht zu reden und
das Evangelium so einfach hinzulegen, daß man es nur auf=
nehmen und erfassen darf, wie jener Jüngling zu Smith sagte.
Aehnlich bemerkte mir einst ein Theologe, der im Stande ist
Reden zu beurtheilen, von einer geistlichen Rede eines Nicht=
theologen: „Man darf es nur so nehmen." Die treffenden
und einfachen Bilder, welche Smith zu Gebote stehen, die wir
freilich in der Predigt nicht in demselben Maß anwenden dürfen,
helfen dazu außerordentlich viel. Wie einfach und schlagend
ist doch die Geißelung des schüchternen Glaubens in dem Bild

des Mannes, der, auf einem Wagen aufgenommen, seine Last auf dem Kopfe behielt und auf das Bedeuten, warum er sie nicht ablege, bezeichnend meinte, er habe gedacht, es sei doch gar zu viel verlangt, daß man auch noch seine Last fahre, die könne er wohl tragen. Oder des thörichten Arbeitens unter einem Bann, wenn er an Betrunkene erinnert, die in einen Kahn steigen, eine ganze Nacht lang rudern, ohne vorwärts zu kommen, und endlich finden, daß sie den Anker nicht aufgehoben haben. Wie kurz und einschlagend ist jene Frage an einen Angefochtenen: Sind Sie auch schon durch einen Tunnel gefahren und haben Sie dabei Angst gehabt? Wie schön und erhebend die Verkörperung des Gedankens, daß wir, je näher wir Jesu kommen, desto mehr auch unter einander zusammengeschlossen werden, in dem vom Kreis entnommenen Bilde, je näher die Radien dem Centrum kommen, desto näher laufen sie zusammen. Erzählungen aus dem eigenen Leben wiederum, mit Maß und ohne Selbstbespiegelung beigebracht, können gewiß auch nur anfassen. Respekt vor der Würde des Amtes und wehe dem, der das Dekorum, den Anstand, verletzt; aber ich meine, die Mosisdecke dürfte doch noch ein wenig mehr weggehoben werden und wir dürften uns füglich mehr ins Angesicht, in unser persönliches Leben, hineinsehen lassen. „Mit tiefer und gereifter Ueberzeugung, sagt Smith, bitte ich meine Brüder, es sich anzugewöhnen, unter geeigneten Umständen Gottes Gnadenführungen mit ihren Seelen persönlich mitzutheilen. Der Mißbrauch darf uns von dem rechten Gebrauch nicht abhalten" [1]). Auch die Sucht, schön, gewählt, besonders tief oder bedeutend zu reden, sollte wegfallen. Smith erzählte uns in dieser Beziehung in Basel folgenden instruktiven Zug. Ein strebsamer, hochbegabter junger Mann hatte mit Glanz seine Studien vollendet. Kurz nachher kam er als Direktor an dieselbe Anstalt, in der er eben zuvor noch studiert hatte.

---

[1]) Wandel im Licht 77.

So hoch emporgetragen, wie er es durch diese Stellung wurde,
entfaltete er sofort, alle die reichen Gaben seines Geistes und
eroberte, auch äußerlich von stattlicher Gestalt, im Sturm die
Herzen seiner jugendlichen Commilitonen. Da erkrankte einer
derselben. Er eilte zu ihm und traf ihn in Fieberphantasien.
Als er vom Fenster her dem Delirirenden nahte, hub dieser
gewichtig an: „Großer Präsident, schwerer Präsident, du bist
mir im Licht; vor dir kann ich Jesum nicht sehen." Das
ging dem jungen Doktor tief zu Herzen und warf ihn, als er
sich zurückzog, auf die Kniee nieder. „Gedenke, sagte Smith
bei einer andern Gelegenheit, daß deine Lippen künftig dem
Herrn geweiht sind. Laß sie nie wieder für dich selbst ge=
braucht werden. Dann wird es dir wunderbar leicht sein,
für Jesum zu sprechen." Sind wir, frage ich meine theuren
Amtsbrüder, auf deren unterste Stufe ich freilich mich stelle,
nicht auch schon durch unsere Geistes= oder andere Größe man=
chen Seelen im Licht gewesen? Oder fürchten wir nicht, wir
könnten ihnen in dieser Bewegung, wenn wir uns mit unserem
ganzen Gewicht gegen sie stellen wollten, im Lichte stehen und
ein Hinderniß des Segens werden, welcher, ob auch vielleicht
nicht uns, so doch ihnen aus derselben erwachsen könnte?
Zudem handelt es sich für uns vielfach um Seelen, die von
ihr schon angefaßt und nun im richtigen Weg weiter zu führen
sind. Gehen diese, um ihr Bedürfniß zu befriedigen an Leute,
die außer der Kirche stehen, so fragen wir Geistliche uns doch
auch, ob die Schuld nur an ihnen und nicht auch an uns liegt
und ob man es wenigstens denjenigen Geistlichen, die durch
diese Bewegung selbst gesegnet worden sind, verdenken kann,
wenn sie dieses Bedürfniß wahrnehmen wollen. Wenn aber
Smith nicht so genau oder nicht so umfassend die Schriftwahr=
heit vorträgt, wie wir es etwa wünschen möchten, so erwägen
wir doch seine Mission, seinen Stand als Nichttheologe, seine
nichtdeutsche, geschweige denn schwäbische, Abstammung. Korri=
giren wir ihn füglich und verarbeiten wir seine Anregungen

in unſer theologiſches Syſtem; ſie werden darin, ich bin es gewiß, ſo gut eine Stelle finden, als ſie, in das Rinnſal des kirchlichen Lebens geleitet, dieſem zur Erfriſchung dienen können.

3. Unſeren religiöſen Gemeinſchaften ſollte, denke ich, Smith beſonders auch zum Segen ſein können. Einen Nicht= theologen zu ſehen und zu beobachten, dem es gegeben iſt, ſo viel Frucht zu ſchaffen, muß für deren Vorſteher nicht nur von äußerſtem Intereſſe, ſondern auch eine neue Beſtäti= gung ſein für die treffliche Verwendbarkeit auch von Laien= kräften in der Gemeinde Chriſti. Ihren Glaubensgrund und ihren geiſtlichen Grundcharakter zu verlaſſen, wird ihnen hier ſo wenig zugemuthet, als irgend einer kirchlichen Gemeinſchaft. Sage ich zu viel, wenn ich es ausſpreche, daß die geiſtliche Schwüle und Windſtille, die allerwärts beklagt wird, mehr oder weniger auch auf unſern Gemeinſchaftskreiſen laſtet? Wollen wir uns nun von dem friſchen Zug, der durch dieſe Bewegung geht, nicht auch anwehen und unſere Segel ein wenig ſchwellen laſſen? Siehe, die Schiffe, die ohne Wind im Hafen liegen, ſie mögen die beſte Steuerung und Einrichtung, die trefflichſten Seekarten mit Angabe aller Klippen und Untiefen haben, dazu die fähigſte Mannſchaft beſitzen, wenn es Wind= ſtille iſt, können ſie eben nicht weiter. Erhebt ſich aber eine friſche Briſe, wie belebt ſich's auf einmal auf allen Schiffen, wie behend werden die Segel aufgezogen, die Anker gelichtet; und jeder ſucht, der erſte, mit dem guten Wind hinauszukom= men. Seien wir im Geiſtlichen nicht weniger vernünftig, als im Natürlichen die Schiffsleute. Die Mahnungen Eph. 4, 14. Hebr. 13, 9 haben hier, wo ſo energiſch der alte Chriſtus getrieben und verſucht wird, zum vollkommenen Mannesalter in ihm hinzuführen (vgl. Eph. 4, 13. Hebr. 13, 8), keine Stelle.

4. Iſt aber etwas Beſonderes zu thun, um den Segen, den viele durch Smith empfangen haben und noch empfangen könnten, flüſſig zu machen? In dieſer Beziehung ſind die Wege ſchon betreten und ich freue mich deß, nichts Neues vor=

schlagen, nichts importiren zu müssen. Wer die Gedanken und
Wahrheiten, welche dieser Bewegung zu Grund liegen, kennen
lernen will, hat durch die literarischen Publikationen, die schon
vorliegen und fortgehen, Gelegenheit genug. Ich nenne die
bekannten Schriften von Smith, namentlich die Heiligung
durch den Glauben, den Wandel im Licht, ferner die Berichte
über die Versammlungen in Oxford und Barmen, sodann den
Glaubensweg, eine Zeitschrift, die von Inspektor Rappard auf
der Chrischona redigirt wird und von Zeit zu Zeit in zwang=
losen Heften erscheint, den Friedensweg von Bonar, Aufsehen
und Genesen von Th. Monod, das selige Leben von Jelling=
haus u. a. Daß alle diese Schriften, aus denen viele großen
Segen geschöpft haben, auch geprüft sein wollen, versteht sich
von selbst. Broschüren, wie die von Fabri, zum neuen Jahre,
und Wangemann, die Oxforder Bewegung und ihre Bedeutung.
für Deutschland, mögen behufs dieser Prüfung daher auch
empfohlen sein. Was Versammlungen betrifft, so höre ich von
einem Beispiel solcher, dem ein guter, auch schon längst ge=
fühlter und in die Hand genommener Gedanke zu Grund liegt.
Man wird gewiß gut thun, wo ein Bruder aus dem geist=
lichen Stand gerne die Hand dazu bietet, solche kleinere Lokal=
versammlungen, nenne man sie nun Feste für innere Mis=
sion oder wie man will, ohne Lärm und Absonderlichkeiten zu
veranstalten; bestimmte, zur Parteiung führende Namen braucht
es ja dabei nicht. Nur schließe man die, meist lieblichen
„Glaubenslieder" dabei nicht ganz aus. Die Oxforder Bewe=
gung ist von ihnen so wenig zu trennen, als die pietistische
und Zinzendorf'sche von ihren Liedern. Auf dem Schwarzwald
haben wir seiner Zeit die Monatsconferenzen in einem etwas
größeren Stil organisirt; und sie sind sehr gesegnet gewesen.
Sollte sich aus diesem heraus in organischer Weise noch etwas
anderes entwickeln wollen und können, so würde dies sich zeigen
und von dem Kreis der Stuttgarter Freunde, der seiner Zeit
die Conferenzen von Smith in die Hand genommen hat und

den wir uns als fortbestehend denken, sicher wahrgenommen und in der richtigen Weise angeregt werden.

5. Aber das bedeutet den Bruch, dann ist die Partei fertig — sagt wohl der eine und andere, dieser Sache vielleicht nicht abgeneigte Freund. Diese Bedenken sind mir nicht leicht und ich ehre die Männer hoch, von denen sie kommen. Allein mich däucht: Ist in der Sache etwas, das zum Parteimachen führen muß, so ist die Partei schon da, und es ist besser, die Richtungen treten heraus an's Licht der Oeffentlichkeit, die Parteien formiren sich ehrlich und offen, als der Geist der Parteiung wuchere wie ein stilles Gift apokryph fort. Ist aber das Parteiwesen nicht nothwendig mit dieser Sache ver= bunden, dann wird dasselbe dadurch wohl auch nicht gebracht, daß wir die Segnungen, die uns geworden sind, nicht unbenützt liegen lassen wollen. Daß aber aus dem Princip der Heili= gung durch den Glauben, deren erste Frucht die Liebe und ein neuer warmer Hauch des Gemeinschaftslebens in Christo ist, aus dem auch manchen Orts schöne Vereinigungen der Christen hervorgewachsen sind, nicht nothwendig das Parteiwesen sich ergeben muß, ist mir klar, einiges Naheliegende vorausgesetzt. Einmal, daß die lieben Brüder, welche sich ihm nicht öffnen können, wenigstens nach dem schönen Gedanken Zinzendorfs handeln:

> Wenn Jesus seine Gnadenzeit
> Bald da, bald dort verklärt,
> So freu' dich der Barmherzigkeit,
> Die andern widerfährt —

oder auch immerhin, wo sie darin eine Verirrung sehen, um des Gewissens willen warnen, wie sie's zum Theil gethan haben. Sodann, daß diejenigen, welche des Segens dieser Bewegung inne geworden sind, ihn, als eine der ersten Früchte, den Geist der Sanftmuth und neuer Bruderliebe bei sich wirken, wo es nöthig ist, gerne sich warnen lassen und, um was ich dieselben besonders hier inständig bitten möchte, doch keinen Bruder, er sei Geistlicher oder Laie, darauf ansehen wollen, wie er zu dieser Sache steht. Man wird sich dann bei den neuen Differenzen so gut vertragen lernen als bei den alten. Partei kann allerdings entstehen und müßte wohl mit der Zeit entstehen, wenn niemand von denjenigen, denen sonst die Pflege und Leitung des geistlichen Lebens unter uns obliegt, ob Theologe oder Nichttheologe, des in manchen Seelen wach gewordenen Bedürfnisses sich annähme und diese so veranlaßt würden, dasselbe auf Parteiwegen zu befriedigen zu suchen. Daß wir das natürlich den Brüdern, die von vornherein gegen die Sache sind, nicht zumuthen, ist selbstverständlich und braucht nicht erst gesagt zu werden.

6. Ich kann mir freilich auch bei den der Orforder Bewegung Zugethanen einen Weg denken, wodurch Parteiwesen entstehen müßte; und vor dem möchte ich schließlich noch ernstlichst warnen. Es ist die Unart, wenn wir auch aus dem, was Smith uns gesagt hat, wieder ein Dogma, eine Theorie, die man schön findet, der man sich äußerlich getröstet, die man rühmt, worüber man sich erhitzt, — aber die man ungeübt liegen läßt, wenn wir daraus ein neues geistliches Faulbett machen wollten. Da müßte unfehlbar Parteifanatismus entstehen. Und ich weiß es, daß er leider nicht ganz ausgeblieben ist. Da hieße es mit Recht: der letzte Betrug ist ärger geworden als der erste. Vor dem bewahre uns der Herr in Gnaden!

Thesen,

als Correferat von Missionar J. Hesse aus Calw
vorgetragen und vertreten.

Was ich glaube, daß wir aus der gegenwärtigen religiösen Bewegung, d. h. theils von Smith, theils von Moody und Sankey, für unsere Arbeit lernen sollen, ist etwa Folgendes:

1) Daß bei uns die Laien mehr zum Wort kommen und für kirchliche Arbeiten verwendet werden sollten. Die genannten Männer sind alle drei Laien. Im N. T. findet sich keine Andeutung darüber, daß die Predigt des Wortes, sei es in der Gemeinde, sei es für die Auswärtigen, an ein bestimmtes Amt gebunden sein soll. Wenn Paulus ausdrücklich nur die Frauen vom öffentlichen Lehren ausschließt, so liegt darin die Voraussetzung, daß alle männlichen Gemeindeglieder, welche dazu befähigt waren, auch das Recht hatten zu reden. Ich glaube, jeder Pfarrer sollte darnach trachten, möglichst viel geistliche Arbeit von Laien geschehen zu lassen. Jedenfalls sollte er sie zum Halten von Versammlungen, Missionsstunden, Sonntagsschulen, zu Krankenbesuchen u. s. w. anleiten und anstellen.*)

2) Daß die vorhandenen kirchlichen Mittel nicht genügen, theils die Bedürfnisse der Gläubigen zu befriedigen, theils die Ungläubigen zu gewinnen. Den Gläubigen muß Gelegenheit zu brüderlichem Sichaussprechen, zu gemeinschaftlichem Gebet, zu seelsorgerlicher Unterredung u. s. w. gegeben werden. Die Brüdergemeinde mit ihren Chören, die Methodisten mit ihren Klassenversammlungen, Moody mit seinen Nachversammlungen, Smith mit seinen Erfahrungs- und Frage- und Antwort-Stunden sind beherzigenswerthe Vorgänge. Was aber die für Christum erst noch zu gewinnende Welt betrifft, so müssen wir vor allem unsere Gottesdienste, Bibelstunden und Versammlungen interessanter, anziehender machen: durch guten Gesang, durch kurze Gebete und Ansprachen, durch das Auftreten mehrerer Redner, durch Verbannung des gewöhnlichen Predigttons und Ersetzung desselben durch eine packendere Art des Vortrags, wie wir sie bei Moody, Smith u. s. w. finden. Auch gute Beleuchtung, Heizung und vor allem Ventilation der Kirchen und Versammlungslokale gehört hieher. Oft schlafen die Leute bloß, weil es an frischer Luft fehlt. In den großen von Smith

---

*) Vgl. Spener's Antwort auf die Frage: „Wo solche Leute hernehmen?" „Ich achte, daß die Prediger sie sich selbst formiren können." (Bedenken IV, 310.)

und Moody gehaltenen Versammlungen wurden diese äußern
Sachen auch sehr berücksichtigt. Kann es Weltleuten verargt
werden, wenn sie lieber in glänzend ausgestatteten und beleuch=
teten Vergnügungslokalen als in gebrückter, schwüler Ver=
sammlungsluft sitzen? Dann muß man sich aber auch nicht
scheuen, eigentlich aggressiv vorzugehen. Man halte gelegent=
lich erweckliche Vorträge in einem Wirthshaus, Concertsaal
oder einem andern öffentlichen Lokal, wohin die Welt zu gehen
gewohnt ist und wo schon aus Neugier ein größeres oder doch,
anderes Publikum zusammenkommt als in der Kirche. Ferner
lade man nach Luk. 14, 23 die Leute ein, zu solchen Versamm=
lungen, wie in die Kirche und in die „Stunde", zu kommen.
Namentlich unsere „Stundenleute" sind viel zu schüchtern in
dieser Beziehung und die meisten Prediger überhaupt zu wenig
Missionare. Wir müssen uns unsrer Missionspflicht wieder
mehr bewußt werden. Namentlich sollte der Pfarrer in seinen
Predigten und allem, was er sagt, den thatsächlich doch bestehen=
den Unterschied von Bekehrten und Unbekehrten, Gottlosen und
Frommen, Namenchristen und wahren Christen nicht nur an=
erkennen, sondern auch hervorheben und insbesondere an solchen
Tagen wie Carfreitag, den großen Festen und beim Bußtag
die Unbekehrten direkt als solche anreden und sie einladen, falls
sie ein neues Leben anzufangen wünschen, nach der Predigt zu
ihm zu kommen, sich den Frommen anzuschließen u. s. w.
Wir bringen durch unsere Predigten ja manche Rührungen
und Entschlüsse zu Stande. Weil wir das Eisen aber nicht
schmieden, so lange es heiß ist, gehen viele dieser Eindrücke
wieder verloren.

3) Die Hauptsache aber ist, daß wir in unsrem Leben
und Predigen ein fröhlicheres Christenthum darstellen, selbst
die Sünde und Sorge überwinden, den Leuten in allem Guten
voranleuchten und kräftig aus der Erfahrung bezeugen, daß
Jesus nicht nur vom bösen Gewissen, sondern auch von den
Anläufen der bösen Lust erlöst, daß nicht nur der Fluch der
Sünde von uns genommen, sondern auch ihre Macht bei uns

gebrochen sei. Wir sind nicht berufen, Gesetz, sondern Evan=
gelium zu predigen; und am meisten müssen wir uns davor
hüten, das Evangelium durch unsern Unglauben, übertriebene
Vorsicht oder gar Selbstgerechtigkeit wieder in ein Gesetz zu
verwandeln. Muth machen, freundlich einladen, das Netz weit
auswerfen, recht viele gewinnen, das ist unsre Aufgabe. Wir
schicken uns oft an, die faulen und die guten Fische auseinan=
anderzulesen, noch ehe wir einen einzigen gefangen haben. Das
ist der Grundfehler der von manchem Universitätslehrer vorge=
tragenen Theologie, daß sie nichts lehrt als richtig unterschei=
den, d. h. kritisiren — es werden da Richter und Mäkler, nicht
aber Menschenfischer gebildet. Ein Jeder sollte seine Gabe
herausfinden und mit derselben Gott zur Gewinnung von
Seelen zu dienen suchen: der Eine mehr als Prediger, der
Andere als Schriftsteller, als Seelsorger, als Jugendlehrer, als
Krankenfreund u. s. w.

4) Ueberhaupt sollen wir viel kindlicher und einfäl=
tiger werden. Viele gar manche Geistliche und gläubige
Laien bilden sich ein, sie seien zu Zionswächtern berufen, sie
wüßten viel von den Zeichen der Zeit und ihrer Deutung, von
den letzten Dingen und dergleichen. Aber wir sollten doch erst
einmal die praktischen Aufgaben des Lebens in's Auge fassen
und bei den todten Menschen Leben zu wirken suchen und uns
über alles freuen, was Leben schafft. Wir sind viel zu miß=
trauisch und „weise“. Wir kritisiren uns selbst und andere
so lange, bis nichts als ein Phantom oder Skelett übrig
bleibt. Wir fürchten uns so sehr davor, einen Fehler zu machen,
daß wir lieber gar nichts thun, als etwas unternehmen, woran
man dies oder das werde auszusetzen haben. Wir sollen doch
Kinder sein, wenn auch schwache und fehlerhafte. Durch Fallen
lernt man gehen. Wer nichts wagt, gewinnt nichts. Ohne
Uebung wird man nie ein Mann. Wir sind so theoretisch,
so steif. Wir sollten allerlei Mittel versuchen, Allen Alles
werden, unsere Stimme verändern, Gal. 4, 20 u. s. w., uns
vor Menschenkritik nicht fürchten.

5) Vom Wort Gottes sollten wir kräftiger Gebrauch machen. In einer Predigt über dieses oder jenes starke Wort Jesu oder Pauli demselben nicht dadurch die Spitze abbrechen, daß wir durch theologische Behandlung alle möglichen Mißver-ständnisse abwehren, die Stellen, die das Gegentheil lehren, auch herbeiziehen, vergleichen, auseinandersetzen u. s. w. Wenn es z. B. heißt: „Sammelt euch nicht Schätze," so predigen viele darüber in einer Weise, daß man meinen sollte, Jesus habe eigentlich sagen wollen, es sei schön, wenn man ein großes Vermögen erwerbe, nur müsse man nicht vergessen, wohlthätig zu sein und Gutes damit zu wirken. Oder es predigt Einer über den Missionsbefehl und bringt dabei heraus, daß Jeder in seinem Beruf bleiben und in seiner Umgebung wirken solle, so viel er könne. Oder man fürchtet sich, die Worte vom All-vermögen des Glaubens in ihrer ganzen Stärke stehen zu lassen und schwächt sie durch ein Gerede von Buße, guten Werken, Liebe, Geduld oder deß etwas ab. Oder man hat einen Text über die Gnadenwahl und wagt es nicht, nun auch einmal das zu predigen, was dieser Text klar und deutlich sagt, sondern temperirt die Sache ganz schön durch Herbeiziehung aller möglichen anderen Stellen; oder umgekehrt, wo es sich um die freie Entschließung des Menschen handelt, bringt man die Lehre von der Gnadenwahl auch mit herein. Um stark zu sein und etwas auszurichten, muß man immer auch eine ge-wisse Einseitigkeit haben. Die Bibel selbst gibt uns darin ein Beispiel. Man denke nur an den Römerbrief auf der einen und den Jakobus auf der andern Seite. Leute, die zu einer Entscheidung gebracht werden sollen, brauchen nicht in alle Seiten und in alle Tiefen der betreffenden Sache eingeweiht zu werden, sondern müssen mit praktischen Motiven, nicht mit metaphysischen Gründen, bearbeitet werden. Smith richtet da-durch soviel aus, daß er gewisse Stellen des Wortes Gottes in Betreff der Freude, der Sündenüberwindung, der heiligen Sorglosigkeit u. s. f. mit großer Kraft und gewissermaßen ein-seitig treibt. — Eine schöne Sache ist es auch, wenn aus vieler

Mund je ein Bibelspruch mit der Kraft persönlicher Erfahrung vorgetragen wird. Auch Bibelübungen in kleineren Kreisen sind sehr zu empfehlen, z. B. über „Heiligung", „Glaube", „Himmel", „Gebet" u. s. w., wobei eine Reihe von Bibelstellen, die sich auf den Gegenstand beziehen, aufgeschlagen, gelesen und kurz besprochen werden.

6) Die Betonung des Jetzt ist sehr wichtig. Der Prediger kann Niemand ins Herz sehen und weiß nicht, wie jeder Einzelne zur Wahrheit steht. Er muß so predigen, wie wenn dies die letzte Gelegenheit für ihn wäre, den Sündern, die vielleicht morgen auch nicht mehr leben, das Evangelium zu verkündigen. Als ein Sterbender zu Sterbenden soll man predigen.

7) Die centrale Stellung, welche der Predigt des Glaubens gebührt, können selbst wir Lutheraner noch von Smith lernen. Glauben muß der Prediger vor allem selbst haben, Gewißheit, daß er von Gott berufen und gesandt ist, Sünder selig machen zu helfen, Traurige zu trösten, Schwache zu stärken, — durch Gebet befestigten Glauben an den Erfolg seiner Wirksamkeit, ja jeder einzelnen Predigt. Aber auch die Lehre, die er vorträgt, muß diesen Glaubenscharakter tragen. Wir predigen oft so, als ob man zwar durch den Glauben allein gerecht werde, heilig aber nur durch eigene, vielleicht vom heiligen Geist unterstützte Anstrengung. Das ist falsch. Durch den Glauben kommen wir in Jesum hinein, durch den Glauben allein bleiben wir auch in ihm, und das Bleiben in Jesu macht die Heiligung aus.

8) Was hindert nun aber die Leute, gläubig in Jesu zu bleiben und so in fröhlichem Wachsthum dem vollen Mannesalter entgegenzureifen? Antwort: die noch nicht mit Bewußtsein verleugnete und ans Kreuz Jesu genagelte oder in sein Grab gelegte Sünde, das Hängen an diesem oder jenem, irgend ein Bann, das mehr oder weniger bewußte Zurückbehalten von irgend etwas Eigenem. Dem gegenüber ist es unsere Pflicht, die Ganzheit, die völlige Lauterkeit, die völlige Hingabe, den völligen Glauben, das völlige Vertrauen u. s. w. zu be-

tonen. Dazu gehört Predigt der Buße nach Pf. 139. Wir müssen den Christen sagen, daß die Sünde bei ihnen etwas noch viel Schrecklicheres ist, als bei Weltkindern, daß Jesus uns ganz heilig, unbefleckt und lauter haben will, daß er auch für die geringste Sünde keinen Vorbehalt oder Freibrief hat, daß er uns von Allem erretten kann und will, daß wir uns ohne Rückhalt in diese seine Kur begeben müssen und ihm alles anvertrauen, alles von ihm erwarten.

9) Bei all' diesem kommt es vor allem darauf an, die Objektivität unseres in Christo enthaltenen Heils gegenüber von unsern wechselnden Gefühlen und Zuständen zu betonen. Gerade, wie wir einem nach Vergebung der Sünden sich sehnenden, aber fast verzweifelnden Sünder sagen: „Aber es bleibt dabei, Jesus ist auch für dich gestorben: laß diese Thatsache nur gelten, nimm sie nur an, einerlei ob du etwas davon fühlst oder nicht," so müssen wir es auch mit den Seelen auf irgend einer anderen Stufe des christlichen Lebens machen, wenn sie angefochten sind, wenn sie gesündigt haben, wenn Sorge sie drückt u. s. w. „Jesus errettet mich jetzt!" hat überall seinen Platz. Der ganze, mächtige, barmherzige, allwissende Heiland steht uns immer zur Verfügung, ihm ist noch mehr als uns selber an unsrem Wohlsein gelegen: diese objektive Thatsache müssen wir allen Zweifeln gegenüber dem Glauben vorhalten. Gott ist gegenwärtig. Jesus ist dir nah. Gott will, daß allen Menschen soll geholfen werden. Solche Kraftworte soll man in der Seelsorge brauchen und den Leuten als Waffe in die Hand geben.

10) Viel Singen, bei Hausandachten, in Versammlungen, an Krankenbetten — und zwar ohne Vorsagen der Worte — stille Gebetspausen und einige andere Sachen können auch nachgeahmt werden; doch muß man Fernstehende, die in eine Versammlung kommen, nicht abschrecken, indem man ihnen allerlei Ungewohntes zumuthet.

Von demselben Verfasser erschien ferner in **Bahnmaier's Verlag** (C. Detloff) in **Basel**:

Der christliche Glaube als Grundlage der christlichen Weltanschauung. Ein Versuch. 2 Bde. 1873. Preis Mk. 9. — Fr. 11. 25.

Neue evang. Kirchenzeitung 1872, Nr. 52 sagt über dieses Werk:

„Das vortreffliche Buch wird sich sicherlich unter denen, die das Bedürfniß gesammelten Durchdenkens der christlichen Wahrheit haben, viele Freunde gewinnen. Verfasser befindet sich in wesentlicher Uebereinstimmung mit der evangelisch-kirchlichen Lehre und ist bemüht, das von der Wissenschaft erarbeitete Neue dem Ganzen der christlichen Erkenntniß dergestalt einzuordnen, daß sie dadurch an Reife und Fülle gewinnt; von einem Haschen nach sogenannter Originalität ist er frei, er versenkt sich in den Gegenstand, um seiner durch eine über die bloße Reflexion hinausgehende Contemplation inne und mächtig zu werden. So bietet er eine selbstständige Durcharbeitung des dogmatischen Stoffes, welche tief in die inneren Gründe und Zusammenhänge der Heilswahrheit eindringt und dem lebendigen Verständniß derselben mannichfach neue Wege bahnt und zeigt. Mit seinem Geschick weiß der Verfasser auch die Fühlung mit dem allgemeinen Wissensstoff aufzusuchen und von den die Zeit bewegenden Gedanken und Interessen aus Brücken zu der christlichen Wahrheit zu schlagen. — Die Darstellung hält die Mitte zwischen dem streng wissenschaftlichen und dem populären Ton und ist klar und durchsichtig und dabei von einer wohlthuenden Wärme und Weihe durchdrungen. Religionslehrern, Geistlichen, überhaupt denkenden Freunden des göttlichen Worts sei das Buch bestens empfohlen; sie werden vielseitige Anregung und reichen Gewinn und Genuß daraus schöpfen."

Der Glaube der Kirchen und Kirchenparteien nach seinem Geist und inneren Zusammenhang. 1875. Mk. 9. — Fr. 11. 25.

Christenbote 1874, Nr. 42:

„Unter diesem Titel ist von dem Verfasser der vor zwei Jahren erschienenen ,Glaubenslehre' ein neues Werk erschienen, das dem ersteren würdig zur Seite tritt und gleichsam als Ergänzung zu dienen geeignet ist. Die Eigenschaften, die wir schon bei dem früheren Werke des verdienstvollen Verfassers rühmen durften, finden sich auch in diesem wieder: Ideenreich und gründlich, umsichtig und maßvoll im Urtheil, lichtvoll und präzis in der Darstellung, empfiehlt es sich nicht bloß Theologen, sondern auch Laien, die sich auf diesem so wichtigen Gebiet orientiren möchten, die aber von der sogenannten trockenen, abgerissenen, oder in Einzelnheiten sich verlierenden Behandlung der ,Unterscheidungslehren' sich weniger angezogen fühlen."

Die evangelische Rechtfertigungslehre und das moderne Denken. Ein Vortrag. 1871. 80 Pf. Fr. 1. —

Die Zukunft der Welt. Ein Vortrag gehalten in Stuttgart am 13. Januar 1875. 2. Aufl. Preis 60 Pf. — 80 Cts.

Christenbote 1875, Nr. 12:

„Eine Fülle der bedeutendsten fruchtbarsten Gedanken ist auf engem Rahmen bei einander. Aus den verschiedensten Gebieten des Wissens wird sehr viel lehrreiches geboten. Durchschlagend aber ist die Entschiedenheit, mit der die christliche Zukunftshoffnung in ein herrliches Licht gestellt ist."